Anonymous

Denkschrift in der Prozess-Sache der Erben des am 29.

Januar 1848

in München verlebten Professors Joseph von Görres

Anonymous

Denkschrift in der Prozess-Sache der Erben des am 29. Januar 1848
in München verlebten Professors Joseph von Görres

ISBN/EAN: 9783743639072

Hergestellt in Europa, USA, Kanada, Australien, Japan

Cover: Foto ©ninafisch / pixelio.de

Weitere Bücher finden Sie auf **www.hansebooks.com**

Denkschrift

in der

Prozeßsache der Erben des am 29. Januar 1848 in
München verlebten Professors

Joseph von Görres,
Kläger,

gegen

den Königl. Preußischen Fiscus,

vertreten

durch den Oberpräsidenten der Rheinprovinz, wirklichen
Geheimenrath

Freiherrn von Pommer-Esche
zu Koblenz, Beklagten,

von

dem Anwalte der Kläger

Justizrath Adams I.
in Koblenz.

Augsburg.
Druck der J. P. Himmer'schen Buchdruckerei.
1863.

Der verstorbene Professor v. Görres war zu Anfang des Jahres 1814 von dem damaligen General = Gouverneur des Mittelrheins Justus Gruner zum Director des gesammten Schul= wesens in seinem Gouvernement ernannt, und durch die Bekannt= machung des General = Gouverneurs vom Nieder = und Mittel= rhein geheimen Staatsraths Sack vom 24. Juli 1814 (Journal des Nieder = und Mittelrheins Nr. 18. pag. 124) in gleicher Qualität bestätigt worden. Die betreffende Stelle dieser Be= kanntmachung lautet:

„2. Zum Director des öffentlichen Unterrichts der Nieder= rheinischen Provinzen habe ich provisorisch den in wissen= schaftlicher und pädagogischer Hinsicht vielfach verdienten ehema= ligen Rector des Gymnasiums zu Prenzlow Herrn Grashof ernannt; für die Mittelrheinischen Provinzen aber den durch glänzende literarische Talente, gründliche Kenntnisse und prakti= schen Geist ausgezeichneten Herrn Dr. Görres zu Coblenz, welcher bereits von dem vorigen General = Gouverneur des Mittelrheins zum Director des gesammten Schulwesens in diesem seinem Gouvernement ernannt war, in gleicher Qualität bestätigt."

In dem Patente wegen Besitznahme des Großherzogthums Niederrhein vom 5. April 1815 (Lottner I. p. 203) erklärte Se. Majestät der König:

„Die angestellten Beamten bleiben, bei vorausgesetzter treuen Verwaltung, auf ihren Posten, und im Genusse ihrer Einkünfte; auch wird jede öffentliche Stelle so lange, bis Wir eine andere

1

Einrichtung zu treffen zweckmäßig finden, in der bisherigen Art verwaltet." —

Am 30. April 1815 (Ges. S. 85) erfolgte die Ver=
ordnung wegen verbesserter Einrichtung der Provinzial=Behörden.
Mit dem 23. März 1816 hörte darnach das General=Gouver=
nement des Nieder= und Mittelrheins zu bestehen auf, und ging
die einstweilige Oberverwaltung der Königl. Rheinprovinzen auf
den damit beauftragten Regierungs=Präsidenten v. Reimann
über (Journal des Nieder= und Mittelrheins Nr. 36. pag. 307).
Dieser erließ hierauf am 18. April 1816 (Amtsbl. der Königl.
Regierung zu Coblenz v. 22. April 1816. Nr. 1) eine Bekannt=
machung worin es heißt:

„Wegen des Geschäftsumfanges der Provinzial=Consistorien
und Medizinal=Collegien zu Coblenz und Köln wird das Nähere
zu seiner Zeit bekannt gemacht werden, und haben, bis solche
überall gebildet sind, die Geistlichen= und Medizinal=Behörden
ihre Berichte an den Oberpräsidenten der Provinz zu richten."

„Mit dem Eintritt der Königl. Regierungen gehen der
Gouvernementsrath zu Düsseldorf, die Regierung zu Ehrenbreit=
stein, die Forstdirection zu Aachen, der Directorialrath des Roer=
Departements, die Kreisdomänen= und Steuer=Directionen ein,
es haben jedoch diese Behörden die nähern Bestimmungen wegen
ihrer definitiven Auflösung von der Regierung ihres Verwaltungs=
bezirks zu erwarten. Die Geschäfte derselben, mit Ausnahme
der der bisherigen Kreisdirectoren, gehen in die Regierungen
über."

Und zugleich erließ der Oberpräsident des Großherzogthums
Niederrhein Staatsminister v. Ingersleben eine sich daran an=
schließende Bekanntmachung vom 22. April 1816, worin er er=
klärt, daß mit diesem Tage die Königl. Regierung zu Coblenz
in Wirksamkeit getreten sei, und worin es heißt:

„Für die Kirchen und Schulsachen, sowie die der Unterrichts=

und Bildungs-Anstalten ist hier zu Coblenz ein Consistorium errichtet, welches heute gleichfalls in Wirksamkeit getreten ist." —

Sofort verwahrte sich Görres in einem Schreiben an den Oberpräsidenten v. Ingersleben dagegen, in die Leitung des öffentlichen Unterrichts eine neue Behörde eintreten zu sehen; und ohne, daß ihm die geringste höhere Weisung zugekommen, seine bisherigen Verrichtungen einzustellen; und erklärt darauf bestehen zu müssen, daß ihm, ehe er seine Direction als völlig aufgelöst betrachten und die darauf bezüglichen Schriften abliefern könne, eine förmliche Dienstentlassung von Seiten des Mini= steriums zukomme. (vgl. v. Görres politische Schriften Bd. 4. p. 641). Unter dem 9. Mai (ibidem p. 642) ersucht der Oberpräsident ohne dieser Verwahrung zu erwähnen ihn, die in seinen Händen befindlichen Acten über das Schulwesen an das Consistorium abzugeben. Darauf erwidert Görres (ibid. pag. 642), daß es nie seine Absicht gewesen, über die Art und Weise seiner Dienstentlassung einen unnützen Streit anzufangen, und er bereit sei, die Dienstpapiere an das Consistorium abzu= geben, daß aber die förmliche Uebergabe sämmtlicher Papiere erst dann statthaben könne, wenn seine motivirte Dienstent= lassung durch das Ministerium geschehen sein würde. Er führt sodann aus, daß die Auflösung der Direction des öffentlichen Unterrichts in der gedachten Bekanntmachung des Präsidenten v. Reimann nicht ausgesprochen sei; daß es ihm übrigens nie eingefallen, der neu eingetretenen Behörde die Rechtmäßigkeit ihres Besitzstandes zu bestreiten, sondern, daß er nur die Forderung mache, ihm in der Begründung seiner Abberufung das zukommen zu lassen, was sein Recht und seine Ehre verlangen, in der Form aber, was die öffentliche Schicklichkeit gebiete. In einem Schreiben an Görres vom 8. Mai 1816 (ibid. p. 644) bemüht sich das Ministerium nachzuweisen, daß seine Stellung nur eine provisorische gewesen, und deren Auflösung aus der

Organisation des Consistoriums von selbst gefolgt sei. Dasselbe
rescribirte sodann unter dem 14. Febr. 1817 an die Regierung
zu Coblenz, daß dem Görres im höchsten Falle nur dasjenige
wieder zu Theil werden könne, was er als öffentlicher Lehrer
des Gymnasii zu Coblenz an firirter Besoldung bezogen habe,
nämlich 1400 Francs und diese habe ihm die Regierung als
Wartegeld von dem Zeitpunkt an zu bezahlen, wo das Gehalt
als Director des öffentlichen Unterrichts aufgehört habe. Die
Regierung setzte, unter dem 1. April 1817, Görres davon in
Kenntniß, daß ihm dieses Gehalt, ohne besondere Anweisung
werde ausbezahlt werden (ibid. p. 644 u. 645). Dieser wies
jedoch die Annahme stillschweigend ab. — Inzwischen waren
mehrfach ehrenvolle Rufe, insbesondere ein ihn im höchsten
Grade ehrender von Seiten der Königl. Württembergischen Regierung an ihn ergangen, Görres nahm jedoch Anstand denselben zu folgen; und spricht er sich über den Grund dieser Zögerung aus in dem Antwortschreiben an den Württembergischen
Minister v. Wangenheim vom 7. März 1817 (ibid. p 649):

„Obgleich für mich keine eigentliche Verbindlichkeit gegen die Regierung
besteht, ist eine weit zartere Rücksicht eingetreten, die mir verbietet, durch über-
eiltes Abreißen der Verhältnisse dem guten Willen, der begangenes Unrecht
wieder gut machen will, mich trotzig zu entziehen, und dadurch die Gründe
meiner Handlungsweise in ein zweideutiges Licht zu setzen."

Dem preußischen Gouvernement gegenüber verlangte er jedoch nicht als Gnade, sondern als wohlerworbenes Recht, die
unverkürzte Zahlung seines Gehaltes von 8000 Francs. — In
dieser Beziehung sagt er in einer Eingabe an den Oberpräsidenten
v. Ingersleben vom 30. April 1817 (ibid. pag 663):

„Unter allen Unannehmlichkeiten, die der Charakter der gegenwärtigen Zeit mit
sich bringt, ist mir von je die fortdauernde Unbestimmtheit aller Verhältnisse bei
meiner ganzen Denkungsart die unerträglichste gewesen. Ein Jahr meines Lebens
habe ich in solchem Schwanken hingebracht, ich glaube gegen mich selbst und
meine Familie die Verbindlichkeit zu haben, nicht die Hand zu bieten, um

diesen Zustand zu verlängern. Ich hatte eben einen Ruf nach Lüttich mit 3000 Francs Dienstemolumenten abgelehnt, als der Ruf des Ministers v. Wangenheim zu der Leitung der dortigen Kunstschule an mich gelangte. In meiner Antwort erbat ich mir vier Wochen Zeit, bis die Entscheidung meiner Regierung eingetroffen. Diese Frist, die mir mit Gefälligkeit bewilligt werden, ist längst verstrichen, und es möchte weder schicklich gegen die Kgl. Preuß., noch gegen die Kgl. Württemb. Regierung sein, länger meine Erklärung aufzuschieben. So gern ich also aus den Händen des Königs früher das Geringste angenommen hätte, und auch jetzt ihm gern Alles verdanken will, so kann ich doch nicht die Entscheidung an seine Reise knüpfen lassen, und bitte also Ew. Exc. im Sinne Ihrer Eingabe vom 22. April (ibid. p. 650.) die definitive Erledigung dieser Sache gefälligst zu betreiben. Auch wünschte ich, wenn es möglich wäre, die Unterscheidung zwischen jenen 2000 Francs, die meinen Rechtsantheil nach der Behauptung der Ministerien bilden sollen und den vorgeschlagenen 6000 Fr. zu beseitigen, da es mir von Anfang an mehr um die Anerkennung meines ganzen und vollen Rechtsanspruchs, als um die Größe der Summe zu thun gewesen."

Diese Verhandlungen (ibid. p. 645 bis 665) schlossen ab mit dem nachstehenden Erlaß des Fürsten Staatskanzlers vom 27. Januar 1818 (ibid. p. 666), wodurch das Recht des Prof. Görres auf das ihm dadurch bewilligte Gehalt ohne jedwede Bedingung anerkannt wurde:

"Ew. Wohlgeb. benachrichtige ich ergebenst, daß Sie die Summe von 8000 Francs jährlich, der Ihnen vorläufig ertheilten Zusicherung zufolge, vom 1. Mai 1816 ab, bis zum 1. Januar 1818 zu beziehen haben. Es ist die Absicht, Ihnen in den Rheinprovinzen eine anderweitige öffentliche Anstellung zu geben, und da Ihre fixirte Besoldung bei dieser Anstellung erst regulirt werden wird, so habe ich mich veranlaßt gefunden, Ihnen bis dahin, vom 1. Januar 1818 ab, ein Einkommen von 1600 Thlr. jährlich, welche Sie in monatlichen Raten von der Regierungshauptcasse zu Coblenz erheben können, zu bewilligen. Die Hälfte Ihrer Entschädigung, vom 1. Mai 1816 ab, werden Sie mit 4000 Fr. jährlich aus der Regierungshauptcasse zu Coblenz empfangen, zu welchem Zweck ich sowohl an die betreffenden Herren Minister, als an den Herrn Oberpräsident Staatsminister v. Ingersleben das Erforderliche erlassen habe. Die zweite Hälfte wird Ihnen der Herr Oberpräsident Graf v. Solms-Laubach aus der Rheinschifffahrtscasse bezahlen, und auch an ihn habe ich das Erforderliche ergehen lassen."

Die Bezahlung dieses Gehaltes geschah bis zum 18. Sep. 1819 ward aber von da an in Folge der gegen Prof. Görres beabsichtigten Verhaftung und Abführung auf eine Festung sistirt. Wie dieses gekommen besagt die Schrift: „In Sachen der Rhein= provinzen und in eigner Angelegenheit Stuttgart 1822 (ibid. p. 485 flgde.)." — Die Streitigkeiten in seiner eigenen Ange= legenheit boten dem Verfasser die willkommenste Veranlassung, die ihm über Alles theuern Interessen Deutschlands und insbe= sondere der mit Preußen vereinigten Rheinprovinzen nach seinen besten Kräften zur Geltung zu bringen. — Interessen, die er mit so großem Muthe und so staunenswerthem Talent in dem von ihm gegründeten „Rheinischen Merkur" von dessen Beginn bis zu seiner gewaltsamen Unterdrückung vertheidigt hat; und wohin vor Allem die Verleihung einer ständischen Verfassung gehörte. —

Am 15. Mai 1815 sollte die Erbhuldigung in Aachen stattfinden. Am 5. Mai sprach Görres in Nr. 233 des Mer= kurs seine Meinung über das gegenseitig zu gebende und zu gewährende aus (ibid. pag. 494). — Das hier ausgesprochene ward in Wien ungnädig aufgenommen und veranlaßte eine die Haltung des Merkurs tadelnd rügende Zuschrift des Fürsten Staats= kanzlers v. Hardenberg an den Herausgeber datirt Wien den 16. Mai 1815 (ibidem p. 496). — Die Dinge verschlimmerten sich mehr und mehr und in dem Maße, wie sie sich schlechter gestalteten und dem Vaterlande größere Gefahren drohten, ward das Ver= langen des rheinischen Volkes nach einer Verfassung allgemeiner und dringender. — Ueber die entstandene Stimmung des Landes sprach sich Görres in einer Eingabe an des Königs Majestät vom 12. Juni 1816 und in dem Begleitschreiben an den Fürsten Staatskanzler vom nämlichen Tage in unverholener Weise aus (ibid. p. 514 bis 519) und sagte darüber in einem Briefe an den General Grafen Gneisenau vom 27. April 1817 (ibid. p. 661), worin er sich dessen Rath in der Frage, ob der „Rheinische

Merkur" wieder hergestellt werden solle oder nicht, erbittet, unter Anderm: „Für Preußen ist diese Wiederherstellung beinahe ein Bedürfniß geworden, was Alle einsehen, die die Lage der Dinge in der Nähe kennen. Man darf es sich nicht verhehlen, noch in Berlin sich einige Illusionen beßwegen gestatten: Preußen steht, in Folge der fortgesetzten Mißgriffe des vorigen Jahres, moralisch tiefer in der öffentlichen Meinung am Rhein und in ganz Süddeutschland als die österreichischen Papiere im öffentlichen Credite je gestanden, und der Grund dieses Falles ist derselbe dort wie hier gewesen: Mangel an Worthalten. Es würde der Regierung nicht leicht etwas nützlicher und ersprießlicher sein, als in einer so fernen Provinz, wo sie beinahe von nichts unterrichtet ist, einen solchen freien Geistesverkehr anzuknüpfen, und habe ich beim Verbote immer geglaubt, daß die Regierung, hätte sie keinen Merkur vorgefunden, einen solchen hätte gründen müssen. Andere Handlungsweise und bessere Grundsätze werden das wohl wieder bezwingen, aber die That ist ihrer Natur nach langsam, und das Wort geflügelt, und muß vorauf gehen, und ihr die Stätte bereiten. Ich bin darum vollkommen einverstanden, daß der Merkur, wie er früher gewesen, so nicht wiederkehren kann. Kehrt doch das Wetter vom vorigen Jahre nicht zurück, und geht Keiner zweimal durch denselben Strom. Es wird im Frieden zum Frieden gehen; aber da noch so viel schlechte Elemente in der Masse gähren, da noch so viel blinder Unverstand um sich schlägt, so wird es doch auch an Krieg und Polemik nicht fehlen dürfen, und Wahrheit vor wie nach die einzige Bedingung sein müssen, Milde aber nur die natürliche Folge des Standes der Zeit, da bei der gegenwärtigen Stimmung der Geister, jeder, der von andern Grundsätzen ausgeht, bald verlassen und ein Prediger in der Wüste steht." Das Verlangen nach der verheißenen Verfassung erhielt endlich seinen entschiedenen Ausdruck in der Adresse der Stadt Coblenz an

Se. Majestät den König vom 18. August 1817 und in der Ueber=
gabe derselben an den Fürsten Staatskanzler am 12. Januar
1818 (ibidem pag. 3 flgbe. u. pag 531 flgbe.). — In welcher
Gesinnung die Adresse überreicht und aufgenommen wurde, und
welche, leider später nicht in Erfüllung gegangenen Hoffnungen
sich an diese denkwürdige Verhandlung knüpften, ergibt sich aus
der zwischen dem Fürsten Staatskanzler und Prof. Görres die=
serhalb geführten Correspondenz (ibid. pag 537 flgb.)

Die Reaction hatte bereits in Berlin einen so verhängniß=
vollen Sieg errungen, daß des Kronprinzen K. Hoheit das ihm
eingesandte Exemplar der Druckschrift „Adresse der Stadt Cob=
lenz 2c." nicht annahm und durch seinen Adjutanten Oberst
Schack dem Verfasser zurücksenden ließ; und daß das Zustande=
kommen der Adresse selbst in höchst ungnädiger Weise aufge=
nommen wurde (ibid. pag. 544—555). — In dem Antwort=
schreiben an den Oberst Schack (ibid. pag. 547) heißt es unter
Anderm:

„Wie die Zeiten stehen, ist die Wahrheit im Angesicht der Fürsten aus=
zusprechen, nicht ferner mehr ein Recht, sondern eine gebotene Pflicht und
das ist eine grausame und sträfliche Schonung, die ihnen diese Wahrheit vor=
enthält. Wie soll die allgemeine Gährung der Gemüther beruhigt werden,
und wie sollen sich die zahllosen Mißverständnisse lösen, die Alles furchtbar
auseinander halten, wenn, was einzig verständigen kann, abgewiesen wird,
und bloß zagender, verkleisternder, verhüllender Halbheit der Zugang verstattet
wird? Mögen Andere thun, was sie nicht lassen können, ich habe es immer
für unerlaubt gehalten, mit seiner Ueberzeugung zu transfigiren, und habe es
kaum je ungestraft üben sehen."

Die in diesem Schreiben ausgesprochene biedere, durch und
durch ehrenhafte Gesinnung, die durch Nichterfüllung der Ver=
heißungen des Besitznahme=Patentes in der Rheinprovinz ent=
standene, immermehr wachsende Gährung und Entzweiung (ibid.
pag. 555 bis 572), die in Folge der geheimen Verhandlungen
des Aachener Congresses sich kundgebende regressive Tendenz, die

man der Geschichte zu geben verabredet hatte; die durch Stourdza's Schrift bekannt gewordenen Ansichten und die Umstände, die ihre Erscheinung begleiteten und die dadurch in allen Gemüthern, denen ein Gefühl von National=Ehre noch beiwohnte, geweckte Entrüstung; die im Norden sich entwickelnden Bestrebungen der Jugend, besonders der studirenden; die Ermordung Kotzebue's, jenes Unseligen, den sein böser Stern nach Teutschland führte, und der in der Mitte der Nation Alles ungestraft höhnte, was ihr ehrwürdig und werth geworden und dabei den Zwischenträger machte, ihre öffentlichen Charaktere anzuschwärzen, endlich das gleichzeitige Zusammentreten des Carlsbader Congresses, und die Voraussicht der Resultate, zu welchen unter den obwaltenden Umständen eine solche Versammlung führen würde. (ibid. pag. /: 572—576 u. p. 51 fzlb.) gaben der für den Verfasser so ver= hängnißvoll gewordenen Schrift: „Teutschland und die Revolu= tion" ihre Entstehung. — Dieselbe enthält 3 Theile (ibid. pag. 578): „Der erste beschrieb die Wege, die man seither gegangen, die allmälige Entwickelung, wie sie nothwendig jene Grundsätze, die man an und nach dem Congreß befolgt, herbeigeführt; er schilderte den Zustand Teutschlands in seinen verschiedenen Pro= vinzen und in den mannigfaltigen Elementen, aus denen die Gesellschaft sich zusammensetzt; er rügte die Mißgriffe, die man gethan, die Irrthümer, denen man sich hingegeben, die Unter= lassungen, die man verschuldet hatte, und legte nun aus, wie in all= mäligem Wachsthum der Unfriede und die Erbitterung in den Ge= müthern sich festgesetzt, und der heftige Parteikampf sich entzünden mußte. Der zweite suchte bestimmte Grundsätze und feste Normen aus= zufinden, durch die, wenn es noch Zeit sei, die herrschende Ideen= Verwirrung sich ordnen lasse; er suchte die Gränzen auszumitteln, wo im Streben der Parteien und im Andrange der Zeit auf die Regierungen, wie in der Rückwirkung der Bedrängten, Recht sich vom Unrecht scheide, und die Linie anzugeben, bis zu der

Ehre und Gewiſſen die Zaubernden peremptoriſch laden, über die hinaus aber keine legale Nötbigung ſie zwingen kann; endlich in allgemeinen Umriſſen beiſpielsweiſe gewiſſe Formen zu be= zeichnen, in denen es wenigſtens möglich ſei, die ſtrebenden und nagenden Anſprüche zu beruhigen. — Der dritte endlich ſollte aufforbernd, antreibend, warnend ſein; er ſollte den Streitenden, den Haſtigen wie den Säumigen, den Ueberſchnellenden wie den Nachzüglern, den Volks= und den Hofparteien den Kryſtall vor Augen halten, in dem die Zukunft dräuend und mahnend in ſchwebenden und flüchtigen, aber tief bedeutſamen Gebilden auf= zog. Der Verfaſſer hatte ſich ohne Dünkel und eigenſüchtigen Vorbehalt bloß dem treibenden Geiſte hingegeben; daß er Wahr= heit aus ſeinem Munde geredet, haben die ſeither verfloſſenen zwei Jahre hinlänglich ausgewieſen; ſeine Urtheile haben als wohlbewährt jede Beſtätigung gefunden; zu ſeinen Anklagen haben die Angeklagten überall die zur Ueberzeugung allenfalls mangelnden Beweiſe nachträglich herbeiſchaffen müſſen; ſeinen Darſtellungen der Vergangenheit hat Niemand eine Unwahrhaf= tigkeit aufdecken, noch irgend ſeine Grundſätze erſchüttern können; nur in dem, was er warnend von der nahenden Zukunft ver= kündete, hat ſich entdeckt, daß die Mahnungen nicht an Teutſch= land allein, ſondern an Europa ergangen waren, und in ihm nach einem größeren Maßſtabe als er ſelbſt, bloß redendes Or= gan, ahnen konnte, wahr werden ſollten. Daß aber das ge= ſprochene Wort im engen Umkreis geredet, im größern ſich ver= breiten könne, und alſo zu ſeiner Beſtimmung gelange, das war die Aufgabe, die der widerſtrebenden Partei angeſonnen worden, und ſie hat ſich mit Erfolg bemüht, dieſem Berufe nach beſtem Vermögen zu entſprechen."

Die damalige Zeit war leider nicht geeignet, und noch weniger geneigt der Stimme der Wahrheit Gehör zu geben. Wollte Gott, es wäre Anders geweſen; die Regierungen und

die Völker würden vor vielen trüben und traurigen Erfahrungen
bewahrt geblieben und unsere dermalige Lage ohne Zweifel eine
glücklichere sein. —

Kaum war die Schrift erschienen, so wurde sie mit Be=
schlag belegt, bei dem Verfasser eine Haussuchung vorgenommen,
seine Papiere wurden versiegelt und später nach Berlin gebracht. —
Bei der Siegelanlage ward auf eine an den Königl. Ober=
Präsidenten gerichtete Königl. Kabinets=Ordre, Bezug genommen,
aber nicht abschriftlich mitgetheilt, welche, wie man später erfuhr,
in folgenden Worten gefaßt war (ibid. p. 548): „Die Straf=
fälligkeit des Prof. Görres, welcher sich nicht enthalten hat, sich
in seiner dem Druck übergebenen Schrift, „Teutschland und die
Revolution“, obgleich er von der Freigebigkeit des Staats ein
Wartegeld von 1800 Thalern genießt, Beleidigungen seines und
und fremder Landesherrn in den unehrerbietigsten Ausdrücken
zu gestatten, und zu versuchen, unter dem Schein, als ob er
gegen die Revolution und ungesetzliche Gewaltthätigkeiten warne,
und zum Frieden rathe, das Volk durch den frechsten Tadel der
Maßregeln der Regierung, zur Erbitterung und zur Unzufrie=
denheit aufzureizen, liegt so klar am Tage, daß ich Ihnen hier=
durch auftrage, seine sämmtlichen Papiere in Beschlag zu neh=
men, und versiegelt hierhin an den Minister v. Schuckmann zu
befördern. F. W.“

Als dies in Coblenz geschah, befand sich Prof. Görres in
Frankfurt a/M.; er hatte aber kaum einige Tage dort geweilt,
als eine Stafette von Berlin hier der Bundesgesandtschaft die
Weisung brachte, die Beschlagnahme der in den dortigen Buch=
handlungen noch vorfindlichen Exemplare bei der Behörde nach=
zusuchen, und dann weiter nach Coblenz eilte.

Durch eine glückliche Fügung der Umstände erfuhr Görres
inzwischen, wie ein preußischer Offizier und ein Mitglied der
Regierung von Coblenz beim Senat seine Auslieferung zur

Abführung nach einer Festung im Innern nachgesucht habe. —
Der so Verfolgte hielt sich gegen seine Heimath, wie gegen sich
selbst verpflichtet, ja gegen die Autorität verbunden, wenigstens
die Vollziehung der Verletzung der Gesetze an seiner Person
unmöglich zu machen; gab dabei jedoch nicht alle Hoffnung auf,
daß, wenn man seiner nicht sofort habhaft werden würde, man
ohne weiteres Aufsehen die Sache still auf sich werde beruhen
lassen; und beschloß daher Teutschland zu verlassen, das ihm
seit den gleichzeitig bekannt gewordenen Karlsbader Beschlüssen
nirgend mehr einige Sicherheit gewährte, und einstweilen sich
nach Frankreich zu begeben. Er ging ruhig und ohne Hast und
Eile auf dem geradesten Wege nach Straßburg, wo er sich sofort unter den ihm auch gewährten Schutz des allgemeinen
Völkerrechts stellte (ibid. pag. 587—601), während man, um
seiner habhaft zu werden, den Odenwald durchsuchte.

Die vorangedeutete Hoffnung ging nicht in Erfüllung. —
Im tiefen Gefühl der ihm widerfahrenden Kränkung wandte sich
Prof. Görres schriftlich an den Fürsten Staatskanzler. — Die
Antwort war hinter dem Censuredicte vom 18. October 1819
datirt, die Erklärung in der Staatszeitung: „Der Prof. Görres
hat sollen auf Befehl Sr. Maj. des Königs verhaftet und auf
eine Festung abgeführt werden. Seine Sträflichkeit liegt,
ohne daß es, um sie zu erkennen, einer Untersuchung bedürfte, klar vor Augen. Ungeachtet er von
der Freigebigkeit des Staates ein Wartegeld von 1800 Thalern
genoß, hat er sich undankbar nicht gescheut, in einer Druckschrift
„Teutschland und die Revolution", unter dem Scheine, als ob er
gegen eine, den Gesinnungen und den treuen Herzen der Unterthanen S. M. ganz fremde revolutionäre Stimmung, und ungesetzliche Gewaltthätigkeit warne, und zum Frieden rathe, das
Volk durch den frechsten Tadel der Maßregeln der Regierung
zur Erbitterung und Unzufriedenheit aufzureizen und sich der

unehrbietigften und beleibigenbſten Aeußerungen gegen ſeinen eigenen und gegen fremde Landesherren bedient. Er hat ſich durch Entweichung aus Frankfurt a/M. der wohlverbienten Strafe entzogen." Unterdeſſen hatte ſich der Stadtrath von Coblenz des Vertriebenen angenommen und in einer Eingabe an Se. Maj. den König Gerechtigkeit und freies Geleit für ihn verlangt. Er erhielt folgenden Beſcheid: „Dem Prof. Görres, wenn er in's Land zurückkehrt, ſteht es zu, ſich über ſeine ver= brecheriſche Schrift zu verantworten, nicht aber dem Stadtrath zu Coblenz, ihn durch diesfallſiges Geſuch zu vertreten. Die von demſelben eingereichte Vorſtellung vom 1. November iſt daher eine Anmaßung, die nur mein gerechtes Mißfallen, wel= ches ich dem Stadtrath hierdurch zu erkennen gebe, veranlaſſen kann." Berlin, den 14. Dezember 1819. F. W. (ibid. pag. 602).

Gleich bei der Verſiegelung hatte man die Zahlung des mehrbeſprochenen Gehalts ſiſtirt; es jedoch der Gattin des Ver= triebenen nahe gelegt, unter Auseinanderſetzung ihrer Unſchuld an dem Vorgefallenen, um die Fortbeziehung wenigſtens der Hälfte anzuhalten, ſie verſchmähte aber ein ſolches Anſinnen und verlangte in einer Eingabe vom 2. Nov. 1819 von S. M. dem Könige für ihren Gatten nur Gerechtigkeit und die Wohlthat der beſtehenden Geſetze ſeines Landes. Sie ſchließt mit den Worten: „Das, was ich als Recht für meinen Mann fordern zu dürfen glaube, daß er von einem Geſchwornengerichte nach dem Geſetze ſeiner Provinz gerichtet werde, will ich mit gerühr= tem Herzen als Gnade für mich und meine Kinder von den Händen E. M. annehmen (ibid p. 602—605)." Da im Ver= lauf von 5 Monaten keine Antwort erfolgte, ſo wiederholte Frau Görres unter dem 23. März 1820 ihr Geſuch „ihrem Manne die Wohlthat der hieſigen Landesgeſetze, die nicht ge= ſtatten, einen noch ſo hart Angeklagten ohne förmliches Urtheil

der öffentlichen Gerichte seines Wohnorts zu verurtheilen, zu gestatten." — Darauf erfolgte von Seiten des Staatskanzlers am 20. April
folgender Bescheid: — „Auf Ew. Hw. an des Königs Majestät
gerichtete Vorstellung vom 23. v. M., welche Allerhöchstdieselben
zur Beantwortung an mich haben gelangen lassen, erwiedere ich
Ihnen ergebenst, daß Ihrem Ehegatten eine gerichtliche Untersuchung des Verfahrens, welches seine heimliche Entweichung
in's Ausland veranlaßte, nicht versagt ist, und daß vielmehr
eine solche Untersuchung, und ein auf dieselbe sich gründendes
rechtliches Erkenntniß über die Straffälligkeit oder Schuldlosigkeit Ihres Ehemannes von der von des K. Majestät
hierzu zu bestimmenden Gerichtsbehörde dann er-
folgen wird, wenn derselbe, seiner Pflicht gemäß, in die Königlichen Staaten zurückkehrt" (ibid. p. 605—606).

Die unbestimmte, jeder Deutung fähige Fassung dieses Be-
scheides veranlaßte die Bittstellerin am 27. April zu einer Eingabe an den Staatskanzler worin sie ihren Schmerz und ihre
Bestürzung über die wie es scheint absichtlich ausweichende
Art der Beantwortung ihrer einfachen Bitte äußert, und unter
Anderm sagt: „Ich sehe mich also genöthigt, E. D. zu bitten,
mir deutlich und unverholen zu sagen: ob man meinem Manne
erlaubt, zu seinem Wohnorte und zu seiner Familie zurückzu-
kehren, um sich da von den Gerichten und nach den
Gesetzen seiner Provinz richten zu lassen, die der
König uns zugesichert hat, die er mit jedem seiner Mitbürger theilt, und worauf er doch wenigstens den Anspruch hat
wie der geringste Verbrecher, da man doch Niemand nach andern Gesetzen richten kann, als die er kennt, und die in seinem
Lande eingeführt sind, und eine willkürlich angesetzte Gerichtsbehörde eigentlich gar keine ist" ꝛc. Der Staatskanzler beant-
wortete diese Vorstellung am 8. Mai mit der folgenden Erwiederung:

„Die von des Königs Majestät mir aufgetragene, unterm 18. v. Mts. erfolgte Beantwortung der Eingabe Ew. Hw. vom 23. März ds. Js. ist so bestimmt und deutlich, daß ich es mir nicht erklären kann, wie Sie darin eine Unbestimmtheit und Undeutlichkeit finden können. Zur Beantwortung des an mich gerichteten Schreibens Ew. Hw. vom 27. v. Mts. beziehe ich mich daher auf den Inhalt jenes Erlasses, und füge demselben nur die Bemerkungen hinzu, daß, nach der Gesetzgebung, auf welche Sie sich beziehen, es unzulässig ist, einem Entwichenen freies Geleit zu gestatten, und daß nach derselben für gewisse Arten von Vergehungen auch außergewöhnliche oder Specialgerichtsbehörden angeordnet werden können." (Ibid p. 606—608.)

Die Bemerkungen, die dieser Bescheid dem vorigen beigefügt, veranlaßten Frau Görres zu eingehenden Erörtungen mit Sachverständigen, deren Resultate sie in der folgenden Zuschrift an den Staatskanzler vom 5. Juni 1820 niederlegte:

„So schmerzlich es mir auch sein mag, das, was ich gern dankbar nur als freies Geschenk von der Güte Sr. Maj. des Königs angenommen hätte, immer wieder aufs Neue von seiner Gerechtigkeit erbitten zu müssen, so kann ich doch nicht umhin, und ich bitte E. D. zu glauben, daß einzig und allein der Gedanke, daß es Pflicht für mich ist, das Aeußerste zu thun, und meinen Kindern ihr Vaterland und sie ihrem Vaterlande zu erhalten, mich bewegen kann, E. D. noch einmal mit dieser für mich höchst traurigen Angelegenheit zu belästigen. E. D. sagen mir, daß nach der Gesetzgebung, auf welche ich mich beziehe, es unzulässig sei, einem Entwichenen freies Geleit zu gestatten, ich aber berufe mich auf die natürliche Billigkeit E. D., welche Ihnen sagen wird, daß, wenn man vom Anfang an diese Gesetze hätte eintreten lassen, mir ein solches Gesuch nicht nöthig gewesen wäre, um so mehr, da ich kein sicheres Geleit für meinen Mann begehre, um sich den Gesetzen zu entziehen, sondern um sich der Entscheidung der Gesetze zu unterwerfen. In Bezug auf die zweite Bemerkung, da mir als einer Frau die Gesetze und ihre verschiedenen Formen nicht so genau bekannt sein können, habe ich mich bei vielen rechtskundigen Männern befragt, ob man meinen Mann als einen Entwichenen ansehen könne, und ob und für welche Fälle Specialgerichtsbehörden verordnet wären. Sie haben mir alle einstimmig geantwortet, daß mein Mann nicht als ein Entwichener könne angesehen werden, da er ja in keinem öffentlichen Amt gestanden, kein gesetzlicher Anklageact vorhanden, und er von keiner Gerichtsbehörde vorgeladen sei. Ferner haben sie mir gesagt, daß zwar in der vorletzten Zeit der napoleonischen Regierung Specialgerichte existirt hätten, aber nur für ganz bestimmte Arten von Verbrechen, als da seien: Straßen-Raub, Falschmünzen, Douanenvergehungen und Rebellion mit gewaffneter Hand, von denen allen man keinen einzigen auf meinen Mann anwenden könne, weil sein Fall sich unter keine andere Rubrik als die eines einfachen Preßvergehens bringen lasse, die vor die gewöhnlichen Gerichte gehörten. Sie erklärten mir weiter, wie man späterhin auch diese Specialgerichte als gehässig und willkürlich ganz habe eingehen lassen. Ich kann darum immer noch nicht einsehen, weßwegen man gerade mit meinem Manne, der sein ganzes Leben nur zu uneigennützig für das Wohl seiner Mitbürger und seines Landes verwendet, die einzige Ausnahme von seinen Landsleuten machen, und ihn den gewöhnlichen Gerichten entziehen wolle. Noch weniger kann ich begreifen, daß man auf diesem Vorsatze beharrt, jetzt, wo vielfältige Untersuchungen ausgewiesen haben müssen, daß er nie den entferntesten Antheil an Umtrieben irgend einer Art gehabt, und kein Vorwurf gegen ihn übrig bleibt als jenes Buch, von dem, welches auch die darin ausgesprochenen Ansichten sein mögen, ich vor Gott bezeugen kann, daß er es in der reinsten Absicht geschrieben hat, und wofür er, im Fall eines Irrthums, den das Gesetz allein aussprechen muß, durch eine Trennung von acht Monaten von seiner Familie und den Verlust seiner Mutter, die er nicht mehr wiederfindet, härter gestraft ist, als er bei irgend einem nur halb unparteiischen Richter zu fürchten gehabt hätte. Ich bitte also E. D. bringend, zu verfügen, daß der Staatsprocurator einen Anklage-Act fertige, und dann der Anklagekammer die Entscheidung zu überlassen, ob die Klage zulässig sei, und für welche Gerichts-Behörde der Fall gehöre, damit diese verfüge, was Rechtens ist, indem bei jedem willkührlich angesetzten Gericht auch der beste und gerechteste Fürst, bei den reinsten Absichten, da er nicht allwissend ist, in den Fall kommen kann, einen Unschuldigen in die Gewalt seiner Feinde zu geben."

Der Staatskanzler antwortete am 24. Juni:

„Zur Beantwortung des anderweitigen Schreibens Ew. Hw. an mich vom 5. ds. Mts. muß ich mich lediglich auf den Inhalt meiner früheren Schreiben an Sie vom 18. April und 8. Mai ds. Js. ergebenst beziehen."

Am Tage des Empfanges, am 2. Juli erwiderte Frau Görres:

„Aus dem Schreiben E. D. ersehe ich mit Betrübniß, wie hartnäckig man meinem Manne sein ordentliches und natürliches Gericht verweigert, welches man doch nie dem verworfensten Verbrecher versagt hat, und mit wie wenig Schonung man eine unglückliche und unbescholtene Familie behandelt, die doch der Achtung und Theilnahme aller ihrer Mitbürger genießt. Da E. D. auf alle meine auf mein gutes Recht gestützten Gründe mich auch nicht einmal einer, wenn noch so oberflächlichen und scheinbaren Widerlegung gewürdigt haben, so muß ich daraus wohl schließen, daß man sie anerkennt, ohne daß man sie will gelten lassen. Da E. D. zu meiner Beruhigung auch nicht das Mindeste von der Art und Zusammensetzung jenes Gerichtes, wel= ches man meinem Mann nach seiner Zurückkunft verspricht, articulirt haben, muß ich wohl schließen, daß dieses Gericht eine bloße Förmlichkeit ist, wo= hinter sich die Gewalt verbirgt, und daß man wohl weiß, daß mein Mann, abgeschreckt durch so manchen Vorgang, lieber eine freiwillige Verbannung wählen, als sich in die Hände eines Gerichtes geben wird, welches nur von der Willkür der Macht abhängt, die zugleich Kläger, wissend oder unwissend, es aus seinen bittersten Feinden zusammensetzen kann. Mir und meinen unglücklichen Kindern bleibt also nichts übrig, als auf irgend einem gesetzlichen Wege über verweigerte Justiz zu klagen, und wenn auch hier die Macht dem Rechte den Weg vertreten sollte, an die öffentliche Meinung zu appelliren, und die Acten dieser unglücklichen Geschichte bekannt zu machen. Verzeihen E. D. dem Schmerz, einer auf das Aeußerste getriebenen Gattin und Mutter diese mir wahrlich abgenöthigte Worte, die ich, Gott weiß! mit wie viel freudigerem Herzen in Worte des Dankes gegen E. D. verwandelt hätte (ibid. p. 609—611).

In der Zwischenzeit hatte Prof. Görres sich von Straßburg aus unter dem 14. März 1820 durch folgende Eingabe an den Fürsten Staatskanzler gewendet:

„Vor länger als drei Monaten habe ich Se. Exc. den Minister v. Schuckmann ersucht, aus meinen in Beschlag genommenen Papieren mit wenigstens meine gelehrten Manuscripte herauszugeben, habe aber bisher we= der eine Rückgabe, noch auch nur eine Antwort erhalten. Ich kann nicht straffällig sein für die Beschämung, die denjenigen, die diese Beschlagnahme veranlaßt haben, aus der Untersuchung erwachsen ist, noch kann ich glauben, daß man gesonnen sei, dem Unrecht und der Willkür, die man gegen mich geübt, noch unnütze Veratlonen beizufügen. Ich ersuche darum E. D. zu verordnen, daß diese Papiere mir zurückgegeben werden. Da man durch die

Versieglung mich vor der Welt wenigstens indirect einer Theilnahme an jenen Umtrieben angeklagt hat, so darf ich denn auch erwarten, bei Gelegenheit dieser Zurückgabe in der Staatszeitung einige Worte zu meiner Ehrenrettung und Genugthuung zu finden, da dieß das Geringste ist, was derjenige, dem man auf einen schnöden, durch nichts begründeten Verdacht hin gewaltsam ins innerste Heiligthum seiner Gedanken und den Frieden seines Hauses eingebrochen, verlangen darf, und es auf jeden Fall ehrenvoller für eine Regierung ist, dem Bittenden freiwillig zu gestatten, was sie dem Nehmenden nicht weigern darf.

Seit der Erscheinung meiner Schrift sind jetzt sechs Monate verflossen, und ich hätte glauben sollen, daß dieser Zeitraum zur Herbeiführung einer ruhigeren Ansicht ihres Inhaltes und meiner Handlungsweise hingereicht. In so viele Sprachen übersetzt, ist sie ein Gemeingut für ganz Europa geworden und nirgendwo hat sich auch nur Eine Stimme, selbst aus der Mitte der entgegengesetzten Uebertreibungen günstigsten Parteien, vernehmen lassen, die meine Grundsätze als revolutionäre anerkannt, und mich verbrecherischer Absichten anzuschuldigen gewagt hätte, und unter allen Lobrednern der Militär hat die Regierung auch nicht einen einzigen Vertheidiger ihrer gegen mich vorgekehrten gewaltthätigen Maßregeln gefunden. Wie wüthend sich auch der hart getroffene Macchiavellism der Einen und die Verstocktheit der Andern gebäumt, doch ist nicht eine einzige der Thatsachen, die ich angeführt, widerlegt worden: die Zeit hat allem sein Recht gethan, und wird fortfahren, es noch weiter zu thun. Die Mißgriffe seit dem Wiener Congresse, die Fehlerhaftigkeit und Unvermögenheit der teutschen Bundesverfassung, die Nachtheile der Zögerung in Erfüllung heiliger Gelöbnisse, die Mißbräuche in dem innern teutschen Staatshaushalt und die Desorganisation aller alten Verfassungen, Alles ist seither zum Theil officiell und positiv eingestanden. Selbst die Ansicht, die ich von jener berüchtigten teutschen Verschwörung aufgestellt, ist bis auf den kleinsten Zug jetzt durch die Mittheilungen der Staatszeitung bestätigt worden, und dem Blindesten ist offenbar, daß die dort angegebenen Mißgriffe und Verirrungen der Gewalt hauptsächlich diese Verirrungen und Monstrositäten jugendlichen Eifers veranlaßt haben. Auch die Geschichte hat gutgeheißen, was ich in ihrem Namen geweissagt habe, und der Himmel hat in schreckbarer Eile die Zeichen herabgesendet, deren Nähe ich verkündet. Wenn ein Land, das mehr wie irgend ein Anderes am Alten treu gehangen, doch endlich in furchtbarem Aufstand entbrannt, weil der innere Lebenstrieb gegen die Fäulniß und Entartung sich empört, und wenn gerade die Werkzeuge der Tyrannei am ersten gegen sie aufgestanden, dann sollte man sagen, eine solche

Warnung müsse durch die dickste Verblendung schlagen, und der Befangenste könnte nicht ferner mehr die Ueberzeugung von sich abhalten, wie die nackte Gewalt gegen Recht und Idee unausbleiblich zum Verderben führe, während das unglückliche Land, das Gewalt mit Gewalt abzutreiben sich gedrungen gesehen, zweifache Schuld wird büßen müssen. Wenn soeben die englischen Minister im Ausbruche der Volkswuth so nahe ihr Leben eingebüßt, kann sollte wohl offenbar werden, daß bloß repressive Maßregeln ohne abhelfende verderblich sind, indem dadurch in beständiger Wirkung und Gegenwirkung immer stärkere Erbitterung und Gewaltthätigkeit entbrennt, bis endlich bei stets wachsendem Grimme das Aeußerste des Frevels geboren wird. Wenn während auf der einen Seite die sich übernehmende Gewalt eine ganze Nation mit geistigem Interdict belegt, auf der andern ein Bourbon dem kältesten Frevel politischen Freigeisterei erliegt, wenn alle diese Begebenheiten in furchtbarer Eile sich im Laufe von wenig Monaten gefolgt, dann ist wohl die Nähe jener rächenden Macht, deren Aufgang im fernen Gesichtskreis mein Buch verkündigt hat, auch dem Bethörtesten glaublich und fühlbar geworden, und der Abgrund sichtbar, an den jene stete Herausforderung aller Leidenschaften und aller Rechtsgefühle führt; jene seichte, leichtsinnige Ansicht der Zeit aber, wie sie den Weltklugen beizuwohnen pflegt, ist in ihrer ganzen Blöße aufgedeckt. Inzwischen werden diese Zeichen wie alle früheren an beiden Theilen verloren gehen, jeder wird nur die Bestätigung seiner Ansicht in ihnen finden, und die Verhängnisse werden erfüllt werden, wie oben geschrieben steht. Ueber diesem Gefühl des allgemeinen Unglücks ist mein Privatschicksal mir beinahe gleichgültig geworden: es kann mir einerlei sein, von wo ich der weiteren Entwicklung dieses großen Trauerspiels zusehen soll. Da die Fremde mir gewährt, was die Heimath mir schuldig wäre, so regt sich kein Verlangen in meiner Brust nach dem Vaterlande, für das ich vor dem Auslande jeden Tag wenigstens Einmal erröthen muß, wahrscheinlich zur Strafe dafür, daß ich es früher vielleicht allzu sehr erhoben, und ich sehe mit großem Gleichmuth dem entgegen, was man beschließen wird, da in allen Fällen Unrecht leiden besser ist, denn Unrecht thun.

Ein Beschluß des Staatskanzlers verordnete darauf die in Beschlag genommenen Papiere nachzusehen, die in Bezug auf die vorseienden Untersuchungen wegen politischer Umtriebe erheblichen von den unerheblichen zu sondern, und letztere zurückzugeben. — Darauf erhielt Prof. Görres einen Theil seiner Papiere zurück und richtete unter dem 2. Juni 1820 bei seinem

2 *

Uebertritt in die Schweiz von Basel aus an den Fürsten Staatskanzler das nachstehende Schreiben:

„Ew. Durchlaucht haben auf meine Eingabe vom 14. März d. J. die
Zurückgabe meiner Papiere verordnet. Ich will es gelten lassen, daß man
um sich den Schein zu geben, als sei die Versiegelung doch wie nicht ganz
ohne Nutzen, so auch nicht ohne Grund gewesen, ganz unbedeutende Papiere
zurückbehalten unter dem Vorwande, sie seien mit der großen Verschwörung
im Zusammenhange; ich will die Handlung allein an sich betrachten, die
versöhnlicher ist als die Worte, die sie begleitet haben. Um daher auch
meinerseits einen Schritt entgegen zu thun, habe ich mich ans Frankreich nach
der Schweiz begeben, und will nun, was ich seither verschmäht, hier um meine
bisherige Handlungsweise zu rechtfertigen und die einzige Weise in der diese
Angelegenheit mit Ehre geendigt werden kann, festzusetzen, die folgenden Worte
niederschreiben. Ob ich mein Buch, die Ursache des ganzen Lärms, schreiben
gedurft, läßt sich bei der Abwesenheit aller Preßgesetze nicht in Zweifel ziehen,
ob ich gesollt, darf ich nicht in Frage stellen, da ich eben gemußt. Thun und
Lassen in dieser Zeit und in meiner bisherigen Stellung zu ihr ist nur zum
Theil meiner Willkühr freigestellt, mir ist nur wenig Wahl gelassen, und einmal angefangen, habe ich nur zu folgen, wie die innere Stimme mir gebietet.
Die Erfahrung meines Lebens hat mir bewiesen, daß diese Stimme nicht
trüglich ist, auch jetzt hat sie wieder sich bewährt; was ich geurtheilt, daß
haben die Gegner selbst unwillig durch ihr Benehmen bestätigen müssen; was
ich angerathen, hat sich seither als das Unabweisbare ausgewiesen; was ich
gedroht, dem ist die Erfüllung auf dem Fuße nachgefolgt. Ich gebe nicht
mir die Ehre, sondern der Macht, die mich zu ihrem Organ gewählt, und
die die Klügeleien der Zeit durch die Stärke einfacher Wahrheit beschämen
will, und ihren Gerichten warnende Boten voransendet.

Das betrifft den Inhalt, über den ich mich nicht scheuen darf, vor den
Menschen Rechenschaft zu geben, da ich mich zuvor darüber mit meinem Gewissen festgestellt; ein Anderes ist die Form und die Art der Mittheilung.
Es gibt ein höheres Gefühl für moralische Schicklichkeit, und einen Takt für
das, was sich ziemt und nicht geziemt, die jeder, der öffentlich handelt oder
spricht, nie aus dem Auge lassen darf. Es ist das Einzige, dessen ich, und
zwar nach meiner besten Ueberzeugung, mit vollem Recht mich rühme, in
meiner ganzen öffentlichen Laufbahn diese höhere Schicklichkeit nie verletzt zu
haben. Daneben aber macht noch eine sogenannte Convenienz sich geltend,
die auf absonderlichen einstudirten Beziehungen und künstlichen Delicatessen be-
ruht, auf die die Weltleute besonders großes Gewicht zu legen pflegen. Ich

laſſe dieſe für alle gewöhnlichen Verhältniſſe wie alles Mechaniſche auf ihrem
Werth beruhen, in wichtigen und ungewöhnlichen Dingen habe ich mich
immer leicht mit ihr abgefunden, wenn ich erſt jener höhern mich verſichert.
Es kann ſein, daß ich ſie zu gering gehalten, und mir mit Recht ihre Rache
zugezogen, es iſt möglich, daß ich ſogar mehr als nöthig in meinem Buche
gegen ſie verſtoßen, ich gebe es gern in dieſer Hinſicht jedem Urtheil Preis.
Es kam darauf an, wie die Regierung dieſe allenfallſigen Verſtöße aufnehmen
werde. Es konnte klug von ihr ſein, bei der Wichtigkeit der Sache ſie zu
ignoriren, aber ſie hatte keine Verbindlichkeit dazu. Sie konnte ihre Unzufriedenheit mit dem Inhalte in einem Schein von Recht hinter dem Unwillen
über die Form verbergen, und ſie mochte die Ahndung des Verſtoßes gegen
die Disciplin den Disciplinargeſetzen überlaſſen. Die correctionellen Gerichte
waren zur Stelle; leicht läßt ſich aus ſo viel Blättern eine Strafbarkeit zu-
ſammenleſen, jene Gerichte haben an ſich eine ganz natürliche Tendenz, der
Regierung nicht Unrecht zu geben. Eine correctionelle Strafe war alſo
unſchwer gegen den Verfaſſer des Buches zu erlangen, er mußte ſich das als
eine mit ſeinem Amte verknüpfte Beſchwerde gefallen laſſen, und die Sache
war ohne abſonderliches öffentliches Aergerniß abgethan.

Ich kann nicht leugnen, daß ich ſolchen Ausgang nur mit der aller-
ſchwächſten Hoffnung erwartete. Nur allzu geneigt ſind die Machthaber zur
Willkür und mehr wie je in dieſer Zeit, die gerade gar keine Willkür ver-
trägt. Der einfache Weg des Rechtes, der allein zum Ziele führt, iſt den
Subalternen überlaſſen, daneben aber laufen die krummen politiſchen Wege,
die alle in die Wüſte ſich verlieren, darauf meint man ſchneller zum Zweck
zu gelangen. Um mich den erſten Ausbrüchen dieſer gefürchteten Willkür
zu entziehen, deren Folgen ich ſchon mehr als einmal gefühlt, ging ich ſeitab
nach Frankfurt, denn es iſt erlaubt, Verſtand zu haben; und Klugheit ohne
Falſch iſt noch nie ein Laſter geweſen.

Was ich damals beſorgt iſt nur allzubald wahr geworden, jene unglückliche Cabinetsordre rechtfertigte alle Vorſicht, die ich gebraucht. Nachdem ſie
mir mein gutes zwei Jahre lang beſtrittenes endlich der Evidenz bewilligtes
Recht in Gnade umgewandelt, und die Erwiederung dieſer Gnade durch
ſchnöden Undank mir öffentlich vorgeworfen; nachdem ſie den in der ganzen
Rechtsgeſchichte unerhörten Satz aufgeſtellt, meine Schuld ſei ſo klar, daß ſie
gar keiner weitern Unterſuchung bedürftig ſei, nachdem ſie dieſe Schuld ausdrücklich als eine Aufforderung zur Revolution unter dem Vorwande gegen
Revolution zu ſprechen, bezeichnet hatte, verurtheilte ſie mich ſofort ungehört
zur Feſtungsſtrafe auf unbeſtimmte Zeit.

Wenn ein Mörder einen Wehrlosen auf offener Straße überfallen und sein Blut vergossen, man gestattet ihm die Rechtswohlthat einer Instruction nach allen rechtlichen Formen und einer freien Vertheidigung; wenn ein Dieb etwa ein halbes Schock Eier gestohlen, man hält es der Mühe werth, die Sache durch die Gerichte reiflich zu untersuchen; bei mir aber sollte sich das von selbst verstehen, und noch schneller als vor einem Kriegsgerichte wurde meine Strafbarkeit wie ein mathematisches Axiom gleich von vorn hinein als etwas Unbestreitbares festgesetzt. Das Ausland erwartete auf solchen Ausspruch furchtbare Dinge in meinem Buche zu finden, wie waren Alle erstaunt, als die Uebersetzungen erschienen, außer einigen verletzten Persönlichkeiten und einer Reihe bitterer Wahrheiten, überall nichts als gemäßigte Gesinnungen und Vorschläge zur Vereinigung zu finden.

Als die Rheinprovinzen durch die Wiener Verträge an Preußen kamen, war diese Uebergabe keineswegs ein Ergeben auf Gnade und auf Ungnade, sondern durch eine Art von stillschweigendem Vertrag, daß die Provinz dem neuen Herrn gehorche, aber auf die Bedingung hin, in allen ihren alten und neuerworbenen Rechten und Freiheiten von ihm geschützt zu werden. In der Gelöbniß des Königs vor der Huldigung hat er davon öffentlich Akt gegeben, darauf ist jene Huldigung geschehen, und die Erfüllung des Angelobten von der einen und der andern Seite bedingen sich nun wechselsweise.

Unter die alten Rechte der Provinz aber gehört es nun, nie durch Cabinetsordre, unter die neuerworbenen aber nach dem öffentlichen Verfahren und in allen Fällen, die sich dazu eignen, von Geschwornen gerichtet zu werden. Daß mein Fall ein solcher sei, der vor die Geschwornen gehört, darüber hat die Cabinetsordre selbst entschieden, indem sie mein Vergehen als einen Versuch qualificirte, Aufruhr hervorzubringen, und mit dem Ausspruch dieser Anklage war mir ein Recht begründet zum Verlangen vor die Assisen gebracht zu werden. Indem aber nun die Regierung dieß mein Recht nicht achtete, wurde durch Eigenmacht eine heilige Zusage der Provinz gebrochen, und ich war es nicht bloß mir selbst, ich war es meinem Vaterlande, ja sogar der Autorität selbst schuldig, mich der Ausführung solcher willkürlichen Maßregeln an mir zu entziehen. Ich weiß wohl, daß die Parasiten der Gewalt die Lehre predigen, die Fürsten, selbst Geber der Gesetze, seien über sie erhaben, und die Willkür schlage in geeigneten Fällen überall von rechtswegen durch ihre unbequeme Hemmung durch. Aber wie Gott, obgleich seiner Idee nach, wie kein Fürst, allmächtig, doch die einmal gegebenen Naturgesetze walten läßt, so ist der Fürst an die einmal vorhandene Gesetzgebung gleich dem geringsten seiner Unterthanen gebunden, innerhalb ist Ordnung und Gehorsam, darüber hinaus nur Willkür und Tyrannei und folglich auch Widerstand und Aufruhr. Der Einzelne, gegen den solche willkürliche Eigenmacht sich richtet, ist berechtigt ihr auszuweichen, wie man einer rohen Naturmacht aus dem Wege geht. E. D. haben zwar in der Staatszeitung und noch neulich wiederholt diesen meinen schnell gefaßten Entschluß, eine heimliche Entweichung genannt, aber dieß konnte nur durch den stärksten Mißbrauch der Sprache geschehen, die sich freilich jetzt manche Gewalt gefallen lassen muß.

Es kam darauf an, wohin ich mich wenden solle. Die einzige und letzte Wohlthat die der zerstückte Zustand Teutschlands den Verfolgten bot hatte der Congreß von Carlsbad nun auch zerstört. Für England reichte mein Vermögen nicht hin, in Belgien konnte ich baldiger Auslieferung entgegensehen; in der Schweiz hätte man mich von Canton zu Canton gehetzt, und mich zuletzt doch genöthigt, dahin mich zu retten, wohin ich darum lieber gleich mit einem entschlossenen Schritte überzugehen schnell mit mir einig wurde.

Wenn dieser Schritt sich als schimpflich für mein Vaterland erwiesen, so mag man bedenken, daß er mir nicht weniger bitter gewesen, und daß man mir keine andere Wahl gelassen, da mich zu verbergen meinem öffentlichen Charakter keineswegs geziemen wollte.

Da der erste Schritt einmal geschehen, mußte ich mich, um Reactionen von früher her zu entgehen, schnell unter dem Schutz der öffentlichen Meinung stellen, in öffentlichen Erklärungen über meine Verhältnisse mich aussprechend und das Völkerrecht in Anspruch nehmend. Was darauf Unangenehmes für die Regierung gefolgt, ist ohne mein weiteres, weder directes noch indirectes Zuthun geschehen, es ist die unausweichliche Strafe auf jede Willkür und Ungerechtigkeit gesetzt, die sich im natürlichen Lauf der Dinge an ununterbrochener Kette von Ursache zur Wirkung übergehend, von selbst entwickelt, und jede politische Sünde an den Thätern rächt.

Ich kann den Franzosen das Zeugniß nicht versagen, daß sie in dieser ganzen Sache von Anfang bis auf die heutige Stunde mir gegenüber mit Ehre sich benommen; wie ich selber ihnen entgegen mich gehalten, darüber kann ich viele Zeugen aufrufen. Leider steht wie gewöhnlich Teutschland allein im Nachtheil, wenn ich mit Ehren in zweifelhaften und mißlichen Verhältnissen vor der Fremde bestanden, so hätte man denken sollen, das müsse in meinem Vaterlande, dessen Ehre ich in der meinigen vertheidigte, mit Freuden geachtet werden; statt dessen hat man meinen Erklärungen und selbst den Erwiederungen der französischen Regierung alle teutschen Blätter verschlossen, die nur allein den gröbsten Invectiven oder ehrlosen Insinuationen gegen mich geöffnet blieben. Wahrlich, man mag sonst von den Franzosen urtheilen wie man will, in allem, was Takt und politischen Verstand betrifft, würden mir wohl thun, bei ihnen in die Schule zu gehen! Wie dem nun sei, die Sache ist zu einem stehenden öffentlichen Aergerniß geworden: in dem preußischen Staate, der sich von je so laut seiner Rechtlichkeit gerühmt, findet sich Jemand, der seit acht Monaten sein Recht und sein Gericht verlangt, und es nicht erlangen kann. Die europäische Jury hat ihn längst freigesprochen, und er wird fortdauernd ohne Urtheil und ohne Recht als ein Schuldiger behandelt. E. D. begreifen, daß dieser Zustand nicht dauern kann, und haben wahrscheinlich in diesem Gefühle jene Rückgabe verfügt. Es entsteht die Frage, was weiter zu thun sei, um die Angelegenheit in schicklicher Weise zum Ende zu bringen. Ich will sagen, was ich zu fordern mich berechtigt halte, mag die Regierung bedenken, was sie nicht weigern darf. Ich will jene Cabinets-ordre, die ich nicht gesehen, gänzlich aus dem Spiele lassen, und mich bloß an jenen Artikel der Staatszeitung vom 30. Oct. v. J. halten. Sie hat mir einen ersten Vorwurf des Undanks gemacht, und ich wäre es eigentlich meiner Ehre schuldig gewesen, auf diese Beschuldigung die Correspondenz drucken zu lassen, die ich in dieser Angelegenheit mit den verschiedenen Behörden geführt, sie hätte ohne, daß ich weiter ein Wort hinzugefügt, die Anklage zermalmt. Aber theils hatte ich diese Selbstgenugthuung verschmäht, theils und hauptsächlich halte ich es bei der Art, wie die Regierungen gegenwärtig in der öffentlichen Meinung stehen, für eine Gewissenssache ohne Noth bei persönlichen Angelegenheiten selbst beim besten Rechte weitern Scandal zu geben.

Ein Anderes ist es um die zweite Anklage, ich habe unter dem Vorwande gegen Revolution zu reden, eine solche herbeiführen wollen. In wiefern man unter Revolution ein Gewebe von Mord, Todschlägen, Greuelthaten aller Art zu verstehen pflegt, ist dieser Vorwurf der stärkste, den man irgend jemand machen kann, und der, dem er gemacht wird hat, wenn ihm das Gefühl seiner Unschuld beiwohnt, das gegründeste Recht, ihn als die stärkste aller Injurien von sich abzuwehren, und die Pflicht deßwegen Genugthuung zu verlangen. Den Privatmann kann ich darum persönlich angehen oder ihn belangen, von der Regierung kann ich fordern aufs mindeste, daß sie vor einem ordentlichen unparteiischen Gericht ihren Vorwurf erhärte.

Die Behörde, vor der die Anklage erhärtet werden muß, ist ein für allemal bestimmt, und die Regierung darf und ich kann nicht zugeben, daß sie willkürlich geändert werde. Die Regierung darf nicht, weil es für sie ehrenrührig wäre, indem sie damit ein öffentliches Bekenntniß ablegte, daß sie ihrer Sache selbst ungewiß sei, denn man will jedesmal nur Specialgerichte, weil man sich abhängiger, besoldeter Richter sicher glaubt, und das Eingehen in allerlei Convenienzen und Rücksichten von ihnen erwartet. Ich kann nicht, einmal, weil ich mir selbst es schuldig bin, die einfache Sache nicht aus dem Gebiete des Rechtes und der Billigkeit in das der Politik überspielen zu lassen, und dann, weil ich die Rechte der Provinz, die in meiner Person so unverholen und öffentlich gekränkt erscheinen, bis auf den letzten Punkt vertheidigen muß.

Es mag Fälle geben bei Kriegsgefahr und Aufruhr, wo man sich auch den Dictator gefallen läßt, daß Ausnahmegerichte nöthig sind. Aber das ist eben, wie gegenwärtig die Sachen stehen, keineswegs der Fall, die Sturmglocke hat nirgendwo geläutet, das Buch, das Aufruhr erwecken wollte, hat keinen zu Stande gebracht, auch ist keine Vermuthung da, daß das noch später in der Nachwirkung geschehen werde. Also ist nicht der allermindeste Grund vorhanden, von dem ordentlichen Wege der Gesetze, in die ungebahnte Straße der Willkür einzulenken, und die Regierung setzt sich der Gefahr aus lächerlich zu werden, wenn sie ein einfaches Preßvergehen wie eine Louvel'sche Mordgeschichte behandelt, und eigene Maschinen dafür baut.

Nur eine einzige Möglichkeit ist mithin offen gelassen, diese Angelegenheit zu ihrem gewünschten Ende hinzuführen: nämlich den Weg des schlichten Rechts zu gehen, und den Rechtshandel an die Geschwornen zu bringen. Da die Anklage ein für allemal festgesetzt so einfach ist, daß nichts als Menschenverstand und Gewissen nöthig sind, um zu entscheiden, ob sie begründet oder grundlos sei, so fällt die Sache ganz in das Gebiet dieses Instituts. Werde ich schuldig gefunden, so ist es mein ordentliches und natürliches Strafgericht gewesen, werde ich freigesprochen, so ist es beiden Theilen ein Ehrengericht, mir, indem es die Anklage vernichtet, der Regierung, indem sie augenblicklichen Irrthum wieder versöhnt, da sie dem Rechte auch gegen sich selbst, den Lauf gelassen, was sie ja auch in unwichtigern Fiscalsachen zu thun die Gewohnheit hat.

Auf diese Bedingung hin werde ich denn auch ohne Geleit in meine Heimath kehren, aber in keiner Weise auf eine andere. Wenn E. D. zu wiederholtenmalen ausgesprochen, es sei meine Pflicht, ohne weiteres auf jede Bedingung mich zu stellen, so haben Sie damit einen Satz aufgestellt, an den Sie selbst nicht ernstlich glauben können. Es besteht keine besondere Pflicht, die mich an die preußische Regierung bände, die allgemeinen Pflichten, die den Bürger knüpfen an sein Vaterland, hat es selbst dadurch gelöst, daß es mir mein Recht verweigert, und so lange diese Weigerung dauert, bin ich auf eigenen Fuß gesetzt, und über mein Thun und

Laffen, habe ich nur meinem Gewiffen Rechenschaft zu geben. Was feit einem Jahre bei uns vorgegangen, rechtfertigt übrigens jede Vorsicht. Das ist einfach und klar der Stand der Sache, was mir zu thun gezieme, habe ich damit ausgesprochen, und ich muß es nun dem eignen Ermeffen E. D. überlaffen, zu beurtheilen, was der Regierung geziemen will. Mit einiger Kaltblütigkeit von vorne herein hätte man leicht die ganze Verlegenheit sich ersparen können, jetzt da, was vorüber ist, nicht ungeschehen gemacht werden kann, will ich alles deffen mich gerne enthalten, was sie vermehren könnte, und mich keinem zuläffigen Mittel entziehen, das sie zu beenden dienen kann. Einer der vorzüglichsten Irrthümer in Bezug auf mich ist immer der gewesen, daß man bei mir mancherlei verstedte Plane vorausgesetzt, da ich im Grunde nichts bin als ein Organ der Zeit und der Geschichte, und aller innere Zusammenhang in meiner Handlungsweise bloß durch die Consequenz eines Charakters begründet ist, der immer weiß, was er will, so viel dies dem Menschen beschieden sein mag. Weil ich etwas mehr Unerschrodenheit und vielleicht einige wenige Gaben mehr besitze als Andere ist mir diese Sendung geworden, die ich immer mehr als eine Last, denn etwas wünschenswerthes betrachtet. Je schärfer und klarer ich täglich mehr die völlige Troftlofigkeit des Zuftandes unserer öffentlichen Angelegenheiten durchschaue, um so drüdender wird mir diese Last, und ich würde den Tag glücklich preisen, der mir das Recht gäbe, sie ein für allemal von mir abzuwälzen. Wenn ich übrigens in meinem Buche den Congreß als den Begünstiger dieses troftlosen Zuftandes angeklagt, weil er eine ungewöhnliche Zeit ganz wie eine ordinäre genommen, und den Ihren ganz gemeine diplomatische Marimen entgegengesetzt, wie unsere Generale zwanzig Jahre lang die neue Taktik der Franzosen mit ihren Parabekünsten bestritten, dann habe ich dabei an keine Persönlichkeit gedacht. Ich weiß zu gut, daß, wo Viele zu einem Zwed zusammenwirken, kein Einzelner für den Erfolg verantwortlich gemacht werden kann, mir ist gar wohl bekannt, wie Ursache und Wirkung in einer fortlaufenden Kette zusammenhängen, die zu durchbrechen Einem oder auch Vielen selten gegeben ist, endlich weiß ich auch Irrthümer und Gesinnungen wohl von einander zu scheiden. In Bezug auf E. D. würde ich sehr undankbar sein, wenn ich von dem, was Politik in Ihrem Benehmen gegen mich bestimmt haben mag, nicht vielfältiges und unleugbares Wohlwollen zu scheiden und zu erkennen wüßte. Aber dieß Wohlwollen, wie sein Gegentheil jetzt mein Urtheil nicht erbittern kann, so durfte es, wo es allgemeiner Wahrheit galt, jenes Urtheil nicht bestechen, und so allein auch kann es möglich werden, in dieser verworrenen Zeit überall sich selbst gleich zu bleiben. Ich weiß nicht, was im Guten oder

Bösen mir noch aufbehalten sein mag, aber das weiß ich, daß ich nie eine entgegengesetzte Gesinnung zur Richtschnur meines Lebens machen werde." (ibid. p. 613 bis 623.)

In der auf die verfügte Zurückgabe eines Theils der in Beschlag genommenen Papiere gegründeten Hoffnung, daß in Berlin eine mildere Beurtheilung der Sachlage eingetreten, wandte sich Frau Görres in drei Eingaben vom 5. Juli, 9. Aug. und 8. Sept. 1820 an S. Maj. den König mit der Bitte, daß, nachdem ihr Ehegatte dem Fürsten Staatskanzler gegenüber sich erboten habe, sich zu stellen, wenn man ihm sein Recht und Gericht nach landesüblichen Gesetzen zusage, ihr und ihren Kindern die Gnade eines freien Geleites für denselben zu gewähren, ward aber unter dem 24. Juli, 24. Aug. und 25. Sept. 1820 abschläglich beschieden, mit dem in dem Bescheide vom 24. August enthaltenen Bemerken, daß, so lange ihr Ehegatte nicht in's Land zurückgekehrt sei, von der Bestimmung des Gerichts, vor welches er zu stellen nicht die Rede sein könne (ibid p. 623—628).

Zu gleicher Zeit, als der Bescheid vom 25. Juli Frau Görres zugekommen, hatte der Oberpräsident die Weisung erhalten, deren Gatten, wenn er an seinen Wohnort zurückgekehrt sei, zu verhaften, und über das Weitere, alsdann weitere Befehle zu erwarten. —

So war der Faden der Verhandlung völlig durchgerissen und hatte es den Anschein, als solle Görres als für immer von seinem Vaterlande ausgeschlossen zu betrachten sein (ibid. pag 628 u. flgde.).

Am 20. August 1826 schrieb der K. Bayrische Ministerialrath und Vorstand des obersten Kirchen = und Schulraths v. Schenk an Prof. Görres, es sei ihm von Sr. Maj. dem König von Bayern der höchstangenehme Auftrag ertheilt worden, ihm einen Lehrstuhl an der Ludwig-Maximilians-Universität zu

München anzubieten, bemerkt aber dabei unter anderm: da seine politischen Verhältniße zur königl. preuß. Regierung noch nicht geordnet seien, wenigstens von einer Schlichtung derselben nichts öffentlich bekannt geworden, so wünsche der König zur allseitigen Beruhigung, daß Prof. Görres, im Falle er jenen Ruf anzunehmen geneigt wäre, ein amtliches Zeugniß oder irgend eine officielle Erklärung von Seite der preußischen Regierung mit der Zusicherung, daß seinem Eintritt in den königl. bayerischen Staatsdienst kein politisches Hinderniß entgegenstehe, und er auch von Seite der gedachten Regierung keine weitern direkten oder indirekten Einschreitungen mehr zu befahren haben würde, erwirken und vorlegen möge.

Dieses Anerbieten veranlaßte den Prof. Görres zu der nachstehenden Eingabe an Se. Maj. den König von Preußen:

„Ew. Majestät haben vor sieben Jahren bei Erscheinung meiner Schrift: „Teutschland und die Revolution" durch eine Allerhöchste Cabinetsordre die Untersuchung meiner Papiere und die Verhaftung meiner Person angeordnet, auf den Grund, daß jene Schrift, unter dem Vorwande, zum Frieden zu reden, den Samen des Unfriedens ausstreue, und also unter dem Scheine von Loyalität revolutionäre Absichten verberge. Eine solche Beschuldigung vor aller Untersuchung gegen die Intention gerichtet, die innen verborgen das Geheimniß eines jeden Menschen ist, konnte nur auf dreifachem Wege möglicher Weise rechtlich sich begründen. Entweder die Schrift mußte unzweideutig und unleugbar durch die Lehren, die sie äußerte, eine revolutionäre Tendenz verrathen, oder der von anderwärts hinlänglich bekannte Charakter des Verfaßers derselben mußte den Vorwurf ohne Widerrede rechtfertigen, oder endlich, er mußte in die Irrungen oder Umtriebe der Zeit verflochten, durch seine Handlungsweise und seine Theilnahme an strafbaren Unternehmungen, gegen sich gezeugt, und sich selbst verurtheilt haben.

Nun aber hat sich, was erstens die Schrift betrifft, durch gründliche Untersuchung jedem Unparteiischen ergeben, daß, wenn auch der Schein unter den damaligen Umständen vielleicht gegen sie gewesen, ihr Inhalt und ihre Lehre nichts destoweniger eine völlig antirevolutionäre war. Und nachdem ihr Verfasser seither eine Reihe anderer sie erläuternden geschrieben, ist kein Mensch in ganz Teutschland mehr, der dieselbe revolutionärer Gesinnungen zu zeihen wagte. Was zweitens den Charakter des Angeschuldigten betrifft, so hätte sein im Angesichte seiner Landsleute, und in Zwischenräumen vor ganz Teutschland geführtes, wie privat- so öffentliches Leben, ihn an sich schon gegen solche Anlagen sichern sollen. Da inzwischen in der Zeit durchgängiger Verwirrung und allgemeinen Mißtrauens kein öffentlicher Charakter gegen Verläumbung und Mißkennung gesichert ist, hat es sich auch fügen müssen, daß auch von dieser Seite der Angriff nur die Untadelhaftigkeit in ein besseres Licht gesetzt, und daß alle seine Ankläger vor ihm verstummt. Was endlich drittens seine Handlungsweise vor und nach der Anlage betrifft, so war seinen Anklägern allerdings hier ein weites Feld zur Bewährung ihrer Anschuldigungen aufgethan. Verflochten in die meisten wichtigeren Ereignisse jener früheren Zeit, ein Gegenstand der Aufmerksamkeit für so viele Menschen, die in ihr thätig sich erwiesen, konnte es nicht fehlen, er mußte, wenn wirklich revolutionäre Gesinnungen ihm einwohnten, diese vielfältig durch sein Benehmen verrathen haben, und es konnte nicht schwer fallen, wenn eine durchgreifende Untersuchung aller sogenannten Umtriebe der Zeit erfolgte, hinreichende Beweise seiner Strafbarkeit aufzufinden. Sieben Jahre hindurch hat man jeder Spur nachgeforscht, die zur Entdeckung des vorausgesetzten Geheimnisses führen konnte; beinahe alle Menschen, mit denen der Angeklagte je in einer directen oder indirecten politischen Verbindung gestanden, sind in den Kreis der Untersuchung hineingezogen worden; die Papiere, die man bei ihm vorgefunden, andere, die man auswärts in Beschlag genommen, Briefe aus verschiedenen Zeiten, die man bei diesem und jenem entdeckt, hat man auf's sorgfältigste durchforscht, und nach allen diesen Untersuchungen ist, ich will nicht sagen, auch nur eine einzige auch noch so unbedeutende gravirende Thatsache auf wirkliche Umtriebe sprechend, ans Licht getreten. Nein, nicht einmal ein Umstand hat sich entdeckt, der irgend jene Anlage auf bösliche Intention auch nur von Ferne zu begründen und zu rechtfertigen im Stande wäre, wohl aber haben, wie dem Angeklagten authentische Nachrichten zugekommen, manche Belege, die sprechend auf das Gegentheil deuteten, sich vorgefunden, und wenn sein Name in den Untersuchungsprotokollen je vorgekommen, so ist das Ergebniß jedesmal für ihn rechtfertigend und ehrenvoll ausgefallen.*)

*) Die Ueberzeugung von der Schuldlosigkeit des Prof. Görres hinsichtlich seiner Betheiligung bei den politischen Umtrieben jener Zeit und von der Reinheit seiner Gesinnungen auch in politischer Beziehung hatte sich auch bei der Mainzer Commission geltend gemacht. — Als Beweis davon ward derselben von einem Mitgliede dieser Commission der nach-

Von welcher Seite man also die Anklage, mit der die politischen Gegner des Unterzeichneten die Rechtlichkeit Ew. Maj. getäuscht, betrachten möge,

stehende Brief an den Buchhändler K. G. Liesching in Stuttgart, welcher ihn zur Betheiligung an einem litterarischen Unternehmen engagiren
wollte, und welcher bei L. confiscirt wurde abschriftlich mitgetheilt, und
wird sich das Original bei den Acten der Commission falls sie über-
haupt noch existiren, befinden, dieser Brief lautet:

J. Görres an K. G. Liesching.

Straßburg am 15. Sept. 1822.

„Sie haben mir in Ihrer jüngsten Zuschrift in wenig Worten offen
und frei Ihre Grundsätze und die Gesinnungen und Ansichten, die Sie
bei Ihrem Unternehmen leiten werden, auseinandergesetzt. Ich muß das
zweifach löblich und rühmlich finden, erstens darum, daß Sie in einer
Zeit, wo Alles in halber Lauheit schwimmt und man bei den meisten
Menschen den Hintern nicht mehr vom Gesichte unterscheiden kann, eine
bestimmte Partei ergriffen, und zum Anderen, daß Sie mir diese wieder nicht etwa in ähnlicher Halbheit und Dämmerlichkeit vernebelt, sondern
mir, wie sich unter Männern ziemt, Ihres Herzens Meinung geradehin
gesagt.

Da beides auch gleich sehr meine Weise ist, so will auch ich Ihnen
meine Gesinnung geradehin und in möglichst wenigen Worten offen-
baren. Meine Ueberzeugung ist nämlich in allen Dingen, die Sie be-
rühren, geradewegs das Gegentheil derjenigen, die Sie mir als die
Ihrige vorgelegt, und ich theile darin nichts mit Ihnen als die Auf-
richtigkeit und Ehrlichkeit der Gesinnung, was freilich eine Hauptsache
ist. Ich bekenne mich nämlich, um's mit Wenigem zu sagen, mit ent-
schiedener Vorneigung zum politischen Idealism wie zu jedem andern,
Ihre ist aber im Gegentheil auf einen derben Realism gestellt. Ich
halte also keineswegs die demokratische Form für die allein vernünftige,
vielmehr für ganz unvernünftig, ob ich ihr gleich darum die Verständig-
keit keineswegs abspreche. Ich halte keineswegs dafür, daß dem Volke
allein ausschließlich Rechte inhariren; seine Pflichten, die Niemand ab-
läugnen kann, deuten auf eine andere Rechtsquelle, die außer ihm ist,
und deren Fassung ich nun allerdings in die Fürsten lege. Verfassungs-
verträge, vermittelt zwischen den Organen der höchsten Gewalt und dem
Volke und von der Autorität sodann sanktionirt, halte ich mit Nichten
für nichtig und unsinnig, sondern für völlig gesetzlich und verbindlich.

ermangelt sie allen Grundes und jedes auch nur scheinbar gültigen Beweises. Inzwischen hat der Angeklagte in aller Geduld das siebenjahrelange Ende

Ich leugne keineswegs, daß nicht der Fortschritt der Kultur seit einem Jahrhundert und länger gegen die Demokratie hingeführt; ich glaube aber, daß wie die Magnetnadel, wenn sie zur äußersten Abweichung gekommen, wieder rückgängig wird, so auch in unserer Zeit den Punkt der höchsten Ausweichung entweder schon erreicht oder wenigstens nahe ist, und daß alsdann eine gewisse Compensation eintreten wird. In Hinsicht auf das Kirchliche halte ich dafür, daß die Kirche keineswegs dem Staate und seinen Interessen untergeordnet, sondern dieser vielmehr in ihr, als ein Organ ihrer höhern Zwecke dienen soll, und ebensowenig kann ich den Gegensatz der Confessionen für einen nichtigen erklären, er ist mir vielmehr in der gegenwärtigen Zeitenlage ein durchaus nothwendiger und darum durch die Vorsehung herbeigeführt. Auch will ich keineswegs, daß die Religion in den Schmollwinkel des Herzens eingesperrt werde, sie hat wohl nach Außen gar viel zu bestellen, und ich gönne der Kirche neben dem Markte auch eine geräumige Stelle.

Sie sehen, daß unsere Ueberzeugungen schnurstrack wider einander gehen. Ich habe nichts dagegen, daß die Ihre sich öffentlich und unverholen ausspreche; es wird von der andern Seite so viel Unvernünftiges geredet und noch mehr gethan, daß, wie man böse mephitische Dünste durch scharfe Säuren sättigt, so es auch hier heilsam und luftreinigend sein muß, diese Ansichten sich verflüchtigen zu lassen. Aber ich gebe Ihnen zu bedenken, wie unthunlich es ist, daß so verschiedenes in Einem Blatte sich vertrage. Ich müßte, um nicht das Ansehen zu haben, als ob ich einer mir fremden Ueberzeugung fröhne, gleich damit anfangen, mich scharf und klar darüber auszusprechen; damit aber wären Ihre Zwecke und Ueberzeugungen hintangesetzt, und es träte in Ihr Werk die nämliche Verwirrung und Haltlosigkeit, wie sie eben in allen Dingen und am meisten im öffentlichen Leben herrscht. Darum ist es besser, daß Sie, ungenirt von meiner Denkungsweise, sicher und bestimmt auf Ihrem Wege gehen, um so mehr, da Neigung, Lebensgewohnheit, Beschäftigungen und Verhältnisse es mir unthunlich machen würden, mich auf eine ständige Mitwirkung zu verpflichten. Es ist mir leid, daß wir gleich beim ersten Begegnen in so verschiedenen Richtungen auf einander treffen; da ich Ihre Entschiedenheit achte und Ihren Vorsatz ehre, so hätte ich lieber zum Gelingen Ihres Vorhabens auf positivem Wege

jener Untersuchungen abgewartet, und gehofft bei dem gänzlichen Schlusse derselben irgend ein auf seine Verhältnisse bezügliches Resultat daraus hervor-
gehen zu sehen. Aber er hat sich seither in seinen Erwartungen betrogen gefunden, da jene Allerhöchste Cabinetsordre in ihren Folgen und Wirkungen
vor wie nach besteht. Teutschland, das keinen Grund zu diesem Fortbestande
sieht, muß vermuthen, daß irgend ein geheimer Umstand sich vorgefunden, der
einer solchen fortgesetzten Härte zur Rechtfertigung diene, und die Welt muß
also, da keine Strafe ohne Strafbarkeit bestehen kann, voraussetzen, daß wirklich ein Motiv zur Fortdauer der verhängten Ahndung bestehe, dessen Wichtigkeit sich nach der Unabsehbarkeit dieser Fortdauer abmißt. Es haftet also
außer den äußerlichen Folgen durch den Fortbestand auch noch dauernd eine
Makel auf der Ehre des Angeklagten, die zu beseitigen ihm von Wichtigkeit
sein muß. Diese Wichtigkeit hat sich ihm neuerdings bei Gelegenheit eines
Rufes an die Universität München, den die königl. bayerische Regierung an ihn
gelangen lassen, herausgestellt. Es kann der berufenden Regierung nicht
gleichgültig sein, den Berufenen in einem zweideutigen Verhältnisse zu wissen,
und ihn in ihrem Dienste compromittirenden Reclamationen ausgesetzt zu
sehen; es muß hinwiederum dem, den sie durch diesen Ruf mit ihrem Vertrauen beehrt, als eine Angelegenheit erscheinen, dieß Vertrauen dadurch zu
rechtfertigen, daß er durch Beseitigung jener Verhältnisse vor ihr vorwurfs-
frei erscheint, und nicht etwa einer Nachsicht von ihrer Seite sich bedürftig
zeigt, eine Ehrenpflicht, die selbst dann noch fortbestünde, wenn er sich durch
andere Verhältnisse genöthigt sähe, diesen Ruf abzulehnen.

Aus allen diesen Gründen hat der gehorsamst Unterzeichnete geglaubt,
unmittelbar an die Gerechtigkeitsliebe Ew. Maj. appelliren zu müssen, ver-
sichert, daß dort Recht und Billigkeit jedesmal ein gut Gehör und jede ge-
gründete Beschwerde ihre Abhilfe finde. Es ergeht also seine gehorsamste
Bitte, daß es Ew. Maj. gefallen möge, wenn je noch irgend ein Grund des
Verdachtes besteht, ihm denselben durch die geeignete Behörde mittheilen zu
lassen, damit er sich gegen denselben rechtfertigen könne; wenn aber kein solcher vorhanden ist, die Vollziehung eben jener Allerhöchsten Cabinetsordre,
auf den Grund: daß sich in der Untersuchung nichts Strafbares ermittelt
habe, gnädigst aufzuheben, also durch völlige Niederschlagung des weiteren
Verfahrens jenen Flecken von seiner Ehre wegzunehmen, der wenigstens bei
den Uneingeweihten auf ihm haften könnte. Straßburg den 5. Sept. 1826."
(Ibid pag. 671 folgend.)

mitgewirkt als auf dem negativen, den ich aus den entwickelten Gründen
für den bessern halten muß."

Darauf erfolgte der folgende Bescheid:

„Seine Majestät der König haben allergnädigst geruht, Ihre Immediat-Vorstellung vom 5. v. Mts. uns mit dem allerhöchsten Befehl zugehen zu lassen, Ihnen zu eröffnen, daß, nachdem Sie sich seit sieben Jahren der gegen Sie eingeleiteten Untersuchung durch die Flucht entzogen, und dadurch jede Gelegenheit, sich über ihr Vergehen befriedigend auszuweisen, geflissentlich vermieden haben, bei Ihrem fortdauernden Aufenthalte im Auslande eine Erörterung der Gründe zu jener Untersuchung ebenso unstatthaft als die Niederschlagung der letzteren sei. Berlin den 6. Oktober 1826. — Der Minister des Innern und der Polizei: Schuckmann. — Der Justiz: Dankelmann. (Ibid p. 674.)

Auf eine Remonstration an den Justizminister Grafen v. Dankelmann vom 1. November 1826 erwiderte dieser am 30. desselben Monats:

„Auf Ihre Eingabe vom 1. Nov. in der wider Sie anhängigen Untersuchungssache, wird Ihnen eröffnet, daß der Justizminister sich jeder amtlichen Einwirkung in dieser Angelegenheit enthalten muß, da die Ihnen unter dem 6. October gemachte Eröffnung auf allerhöchstem königlichen Befehle beruhte.

Am 5. März 1827 zeigt Prof. Görres dem Ministerial-Rath v. Schenk das Mißlingen der bisherigen Schritte an (ibid p. 677) und machte zur wenn möglichen Ausgleichung, nachdem er am 4. des nämlichen Monats die Vermittelung des Ministers von Stein angerufen hatte, (ibid. p. 682) einen letzten Versuch in der nachstehenden Eingabe an Se. Maj. den König:

„Nur ungern unterbreche ich die Zufriedenheit, die Ew. Maj. beim Anblicke der unverstellten Freude Ihrer Unterthanen über die glückliche Wiederherstellung ihres Königs empfinden müssen, dadurch, daß ich neuerdings einen unangenehmen Gegenstand und eine unerfreuliche Erörterung Allerhöchst Ihrer Person nahe zu bringen mich gedrungen finde. Wie lange ich von der Heimath entfernt sein mag, die Theilnahme, die ich augenblicklich und unwillkürlich gefühlt, als mir in der Ferne die Nachricht von dem Unfalle, der Ew. Maj. getroffen, zugekommen, hat mir gezeigt, daß noch nicht alle Bande zerrissen sind, die mich an den moralischen Gesammtbegriff dieser Heimath fesseln, und dieß Gefühl, das sich durch vielfältiges Verkennen und Verfolgen nicht hat verwirren noch erbittern lassen, läßt mich hoffen, daß auch Ew. Maj. mich noch nicht ganz außer diesem Verbande betrachten werden. Darum von

3

einem hohen Justizministerium, an das ich mich früher gewendet, neuerdings an Ew. Maj. zurückverwiesen, nahe ich Allerhöchst demselben zum zweitenmale mit Vertrauen, von dem unvollkommen unterrichteten König an den besser unterrichteten Appellation einlegend, um nochmals schlicht und einfach, wahrhaft und ohne Rückhalt in möglichster Kürze meine Sache auseinanderzusetzen.

Ew. Maj. haben auf meine frühere Eingabe mir durch die hohen Ministerien der Justiz und des Innern unter dem 6. Okt. v. Js. eröffnen zu lassen geruht: Daß weil ich mich seit sieben Jahren, der gegen mich eingeleiteten Untersuchung durch die Flucht entzogen, und dadurch jede Gelegenheit, mich über mein Vergehen befriedigend auszuweisen, geflissentlich vermieden habe, eine Erörterung der Gründe zu jener Untersuchung ebenso unstatthaft als die Niederschlagung der letzteren erscheine. Ew. Maj. erlauben mir gnädigst über diesen Bescheid der beiden Ministerien meine Bemerkungen vorzulegen. Der Erlaß spricht zuförderst von einer gegen mich eingeleiteten Untersuchung, der ich mich böswilliger Weise durch die Flucht entzogen. Meine Klage aber ist von Anfang her dahin gegangen, daß keine solche Untersuchung gegen mich eingeleitet worden, indem, mit gänzlicher Beseitigung derselben, der Prozeß sogleich mit der Sentenz begonnen, ohne daß, wie es die eingeführte Ordnung der Provinz verlangt, das öffentliche Ministerium bei einer wesentlichen Gerichtsbehörde klagbar gegen mich aufgetreten; ohne daß man bestimmt articulirte Klagepunkte mir zur Verantwortung mitgetheilt, zur Vorbereitung dieser Vertheidigung mir die nöthigen Fristen anberaumt und mir auch nur eine einzige der Rechtswohlthaten gestattet, so man dem ärgsten Verbrecher nicht versagt, war der Proceß in einem Schlage gegen mich instruirt, geführt und abgeurtheilt; und ich habe mich keineswegs einer eingeleiteten noch nicht beendeten Untersuchung, sondern der Execution eines, ohne mich vorläufig auch nur gehört zu haben, gefällten Urtheils, im Interesse der öffentlichen Gerechtigkeit durch die Entfernung entzogen. Wohl durfte ich auf die über allen Zweifel hinaus bewährte Gerechtigkeitsliebe Ew. Maj. vertrauen, daß mir zuletzt mein Recht nicht ausbleiben werde, aber einerseits verbot mir die Pflicht, die ich auf mir hatte, einem nach meiner Ueberzeugung in meiner Person gekränkten Recht der Provinz nichts zu vergeben zu lassen, mich diesem Vertrauen unbedingt hinzugeben, andererseits habe ich doch auch billig Anstand genommen, mich subalternem Diensteifer auf Discretion auszuliefern, der vielfach gegen mich aufgeregt, und einmal im Zuge revolutionären Bewegungen mit Exceptionsmaßregeln zu begegnen, die von Verdacht zu Verdacht fortschreitende Untersuchung endlos zu machen drohte...

Der Erlaß spricht zweitens von einem Vergehen, über das mich befriedigend auszuweisen ich geflissentlich vermieden. Welches ist das Verbrechen? So habe ich seit so vielen Jahren gefragt, und immer noch keine bestimmte Auskunft darüber erlangt. Der Verhaftsbefehl hat auf die damals bestandenen sogenannten demagogischen Umtriebe hingedeutet, und ich konnte geschehen lassen, daß man in der allgemeinen Untersuchung auch diesen persönlich gegen mich gerichteten Verdacht verfolgte, weil ich das Endresultat leicht zum voraus wissen mochte. Dieß Resultat ist nun gezogen, und es hat die Grundlosigkeit jenes Verdachtes erwiesen; mir ist kund, daß darin keine Inzicht auf mich gekommen, weil ich dabei nur mein Gewissen befragen darf; meine Ankläger wissen es gleichfalls, wenn sie in die Papiere der Untersuchung sehen, und Ew. Maj. können es leicht erfahren, wenn Sie sich über die Ergebnisse in Bezug auf mich Bericht erstatten lassen wollen.

Eine bestimmt ausgesprochene Anklage hat sich auf jenes Buch bezogen, das so offenbar die Böswilligkeit seines Verfassers verrathe, daß jedes Einschreiten gegen ihn dadurch gerechtfertigt sein müsse. Ich kenne nur dunkel den Inhalt jener Schrift, die, seit ich sie in wenig Wochen hingeschrieben, mir nicht mehr zu Gesicht gekommen, desto besser ist mir die Gesinnung gegenwärtig, in der ich sie abgefaßt, und ich habe mir auch hier keinen anderen Vorwurf, als den einer zu geringen Mäßigung im Ausdrucke meiner Gefühle und einer zu großen Rücksichtslosigkeit auf die individuelle Stimmung der Zuhörer zu machen. Ich sahe eine große Krise nahen, gewohnt in solchen Fällen mich dem treibenden Instincte hinzugeben, ohne vorher mich mit meinem eignen Interesse abzufinden, ließ ich mich auch jetzt nur von dem Eifer für das Wohl des Vaterlandes bestimmen. Es kann sein, daß er mich zu weit geführt, aber wehe dem Lande, wo solche Sünden des Uebermaßes keine Verzeihung finden, und das die Begeisterung und Eingebung des Augenblickes jahrelang mit den Nachforderungen des nüchtern calculirenden Verstandes verfolgt! Ob ich recht oder unrecht gesehen, ich will es nicht verfechten, die Geschichte wird darüber urtheilen, aber daß ich recht gewollt, darf ich mit freudigem Muthe betheuern, und nie verletzte Wahrhaftigkeit leistet Bürgschaft für die Wahrheit dieser Betheuerung.

Ein dritter Vorwurf ist nur durch das Gerücht zu meiner Kenntniß gelangt, als hätten Ew. Maj. durch einzelne Allerhöchstdemselben vorgelegten, unehrerbietigen Ausdrücke in jener Schrift Sich persönlich verletzt gefunden. Ich kenne nicht die Stellen, die zu einer solchen mir schmerzlichen Wirkung Veranlassung gegeben haben können, aber das weiß ich, daß auch nicht die allerentfernteste Absicht dazu beim Niederschreiben derselben in meiner Seele gelegen. Von je in allen meinen Sachen durchgängig unpersönlich, wie sollte

3 *

es mir einfallen, gerade hier eine Ausnahme zu machen, wo die Würde gleich
sehr, wie die Person Achtung gebot, und die Verletzung der Einen wie der
Anderen auf das Haupt dessen zurückfiel, der sich ohne die mindeste Ursache,
und ohne das Mißverhältniß der Kräfte zu berechnen ihrer zu unterfangen
die Verwegenheit hätte. Es müssen also übereilt hingeschriebene Ausdrücke
gewesen sein, die in ihrer Zweideutigkeit eine solche betrübende Wirkung her-
vorgebracht, und ich bitte in diesem Falle Ew. Maj. aufrichtigen Herzens
um Nachsicht und Verzeihung, eine Bitte, die ich schon längst gethan hätte,
wenn ich nicht gefürchtet, unveranlaßt möchte auch sie mir als eine Anmaß-
lichkeit gedeutet werden.

Nach diesen Erklärungen, die ich offen und wahrhaft wie immer vor
Ew. Maj. gemacht, glaube ich nicht zum zweitenmale eine Abweisung be-
fürchten zu dürfen, wenn ich mein Gesuch um Beendigung des unnatürlichen
Verhältnisses, das mich bisher von meinem Vaterlande getrennt erhalten,
nochmal wiederhole. Seit beinahe acht Jahren ist Teutschland Zeuge des
schwerbegreiflichen Widerspruches gewesen, denselben Schriftsteller, den es als
den Verfechter der wahren Legitimität gegen den Absolutism und die De-
magogie kennt, von dieser Legitimität selbst auf das unversöhnlichste verfolgt
zu sehen, es ist Zeuge, wie ihn diejenigen, denen man nicht ohne Grund eine
Hinneigung zu revolutionären Grundsätzen zutraut, täglich als ihren verhaßte-
sten Feind in ihren Blättern, Journalen und Schriften angreifen und miß-
handeln, und wie zugleich auch die Regierungen ihn geächtet, mit ihren Gens-
darmen verfolgt, und jahrelang mit den Spähern ihrer Polizei ihn umstellt.
Mehr noch, dieses Individuum beruft sich öffentlich auf seine Unschuld und
Unbescholtenheit, seine Ankläger verstummen vor seiner Vertheidigung und
immer dauert seine Aechtung fort. Er fragt nach dem Vergehen, das ihm
zu Schulden komme, und man antwortet ihm: eben jene freiwillige Aechtung,
die er nothgedrungen auf sich genommen. Die ganze Welt weiß, daß der
Fürst des Landes, dem er angehört, wissentlich nicht die kleinste Rechtsver-
letzung sich erlauben würde, und doch bleibt der Beeinträchtigte, was er auch
thun mag, immer außer dem Gesetze. Gewiß ein solcher Widerspruch kann
Niemand als denen erfreulich sein, die die Verwirrung selbst zu ihrem Elemente machen, und nun mit Wohlgefallen dieß fortdauernde Aergerniß betrachten. Aber wenn auch ihnen dieß seltsame Mißverständniß erwünscht zu
Statten kommt, so ist doch nicht abzusehen, welches Interesse die öffentliche
Ordnung bei seiner unbegränzten Fortdauer finden könne.

Nochmal lege ich daher mein früheres Gesuch zur Beseitigung der obwaltenden Anstände Ew. Maj. vor, die Entscheidung vertrauensvoll Aller-

höchst Ihrem Ermessen anheimstellend. Wie ich selbst mich nicht vermesse, irgend etwas zu verlangen, was der Würde Ew. Maj. irgend zu nahe träte, so werden auch Ew. Maj. mir nichts ansinnen wollen, was die Ehre, die der Unterste im Staate handhaben muß wie der Hochgestellte, noch weniger was das angedeutete Pflichtgefühl irgend verletzen könnte. Und ich werde der ausgesprochenen Willensmeinung willfährig und freudig entgegenkommen." Straßburg, am 6. März 1827 (ibid. p. 678).

Darauf folgte der nachstehende Bescheid:

„Da das im Jahre 1819 gegen Sie eingeleitete Verfahren keineswegs wie in Ihrem an die unterzeichneten Ministerien remittirten Immediatgesuch vom 6. d. Mts. unrichtig angegeben, mit der Sentenz und Execution, sondern mit dem auch nach der französischen Gesetzgebung zulässigen Untersuchungsarreste begonnen, und Sie sich diesem durch die Flucht entzogen haben, so kann auf Gesuche dieser Art nicht eingegangen werden, so lange Sie sich zu derselben und zur Untersuchung der Ihnen Schuld gegebenen Verbrechen nicht wieder gestellt haben werden. Auf Befehl Se. Maj. des Königs wird Ihnen dieses hiedurch eröffnet." Berlin, den 30. März 1827. Der Minister des Innern: Schuckmann; der Justizminister: Danckelmann (ibid. p. 888).

Am 26. März meldete Ministerialrath Schenk dem Prof. Görres, daß der König von Bayern keinen Anstand mehr nehme, ihm auch jetzt schon, ohne die Entscheidung der k. preußischen Regierung abzuwarten, den Eintritt in k. bayrische Dienste als ordentlicher Professor an der Ludwig-Maximilians-Universität anzubieten. Endlich am 5. August 1827 zeigt Ministerialrath v. Schenk dem Prof. Görres an, daß das preuß. Gouvernement erklärt habe, daß der gegen ihn eingeleiteten Untersuchung keine weitere Folge mehr gegeben werde, daß man ihn als schon längst aus dem preuß. Unterthansverbande ausgeschieden betrachte und daher seiner Erlangung des bayrischen Indigenats kein Hinderniß mehr entgegenstehe.

Das Schreiben lautet vollständig:

„Ew. Wohlg. hat ohne Zweifel mein langes Stillschweigen auf Ihr letztes verehrtes Schreiben, wenn auch nicht beunruhigt, doch befremdet; indessen haben Sie selbem vielleicht auf anderm Wege die Veranlassung jenes

Schweigens erfahren und werden mir nunmehr wohl gütigſt verzeihen, daß ich Ihnen jetzt erſt antworte, da ich Ihnen eine vollkommen befriedigende Antwort ertheilen kann.

Ihren Brief hatte ich ſogleich nach ſeinem Empfang Seiner Majeſtät dem Könige vorgelegt, Allerhöchſtwelcher ohne Anſtand alle darin ausgedrückten Wünſche, insbeſondere die Beſtimmung Ihres Gehaltes als ordentlicher Profeſſor an der Hochſchule zu München auf die Summe von 2000 fl. R.-W. zu erfüllen geruhten und zugleich nicht abgeneigt waren, Ihnen bis zur gänzlichen Berichtigung Ihrer Verhältniſſe mit der k. preußiſchen Regierung eine vollkommen freie, unabhängige Stellung zur Univerſität zu geſtatten.

Dieß hatten Se. Maj. vor Allerhöchſt Ihrer Reiſe nach Italien ausgeſprochen; kaum aber war dieſe Abreiſe erfolgt, als der k. preußiſche Geſchäftsträger in München, Frhr. v. Knobelsdorff, noch einmal dazwiſchen trat und von Seite ſeines Gouvernements Reclamationen gegen Ihre Anſtellung in Bayern erhob. Sie wiſſen, daß der Monarch auch für dieſen Fall Seinen feſten Willen bereits erklärt und ihre Berufung nach Bayern unwiderruflich beſchloſſen hatte; indeſſen war es Pflicht, jenen neuen Anſtand dem Könige anzuzeigen, welcher darauf, von Colombella aus, den Befehl erließ, daß unſer Geſandter in Berlin, Hr. Graf v. Lurburg, beauftragt werden ſolle, durch diplomatiſche Einſchreitungen bei den k. preußiſchen Miniſterien die gegen Sie erhobenen Reclamationen wo möglich zu beſeitigen.

Das preußiſche Gouvernement hat nun das Zutrauen, das offene Entgegenkommen unſeres Königs vollkommen gerechtfertigt und durch eine Note des Staatsminiſters Hr. Grafen v. Bernsdorff an den Grafen v. Lurburg erklärt, daß der gegen Sie eingeleiteten Unterſuchung keine weitere Folge mehr gegeben werde, daß man Sie als ſchon längſt aus dem preußiſchen Unterthansverbande ausgeſchieden betrachte und daher Ihrer Erlangung des bayeriſchen Indigenats von dieſer Seite kein Hinderniß mehr entgegenſtehe.

Dieſe Erklärung traf in München bald nach der Abreiſe Sr. Majeſtät nach dem Bade Brückenau ein; ſie iſt Allerhöchſtdemſelben dahin nachgeſendet worden und ich hoffe, daß nunmehr ſowohl Ihr Indigenats- als Ihr Anſtellungsdecret bald in Ihren Händen ſein wird.

Sie werden ſich gewiß mit mir freuen, daß auf ſolche Weiſe die Sache beendigt worden, auf eine Weiſe, wodurch das beſtehende freundſchaftliche Verhältniß zwiſchen zwei teutſchen Bundesſtaaten nicht im mindeſten getrübt, ſondern nur noch mehr befeſtigt wurde.

Hienach dürfen wir mit Zuverſicht annehmen, daß Sie, verehrter Mann, ſchon mit Anfang des kommenden Winterſemeſters in München eintreffen und

dort, in Verbindung mit Schelling, Schubert, Oken, Fr. v. Baader, Ringseis
und mehreren andern trefflichen Männern die Keime des Guten, Wahren und
Heiligen in die empfänglichen Gemüther unserer Jugend ausstreuen werden.
Sollten Sie noch einige Wünsche vorher erfüllt wissen wollen, so bitte ich
Sie um offene gütige Mittheilung derselben.

Vor allen freut sich über die glückliche Beendigung Ihrer Angelegenheit,
über · die Gewißheit Ihres Hieherkommens der herrliche, ehrwürdige Mann,
von dessen Landsitze bei Regensburg ich Ihnen diese Zeilen sende — Hr.
Bischof v. Sailer, der Sie mit inniger Liebe grüßet und segnet. Mit un-
wandelbarer Verehrung und Freundschaft." Barbing, den 5. Aug. 1827.
Siehe die Verhandlungen (ibid. p. 669 bis 692).

Demnach trat Prof. Görres im Herbste 1827 die ihm über-
tragene Stelle als Professor an der Ludwig-Maximilians-Universität in München an, und bekleidete sie bis an seinen am
29. Januar 1848 erfolgten Tod. — Seine Wittwe wandte sich
hierauf in einer Immediat-Eingabe vom 31. Aug. 1849 an
Se. Maj. den König mit der Bitte um Zahlung des Gehalts-
Rückstandes vom 1. Oct. 1819 bis 31. Oct. 1827 ward aber
durch den folgenden Bescheid des königl. Staatsministeriums
vom 30. October 1849 abschläglich beschieden:

„Des Königs Majestät haben die Immediat-Vorstellung Ew. Hochwohl-
geboren vom 31. Aug. d. J. ohne Allerhöchste Bestimmung an das Staats-
Ministerium abzugeben geruhet. — Demzufolge wird Ihnen eröffnet, daß da
Ihr verstorbener Ehemann im Jahre 1819 aus Preußen flüchtig geworden,
und dies bis zum Jahre 1827, wo er in Bayern Anstellung fand, geblieben,
durch seine Flucht aber der Ansprüche auf das ihm von der diesseitigen Regierung bewilligte und bis zum October 1819 gezahlte Gehalt verlustig gegangen ist, Ihrem Gesuche um nachträgliche Auszahlung dieses Gehaltes vom
October 1819 ab bis zum October 1827 nicht entsprochen werden kann."

Die Erben des Prof. Görres, für welche diese gegen ihre
Mutter erlassene Entscheidung nicht präjudizirlich sein kann,
mußten nun, da sie sich einer ähnlichen Abweisung nicht aus-
setzen wollten, aber auch weil der Rechtsweg ausgeschlossen war,
gerichtliche Klage nicht erheben konnten, sich vorerst beruhigen.

Nachdem jedoch durch das Gesetz vom 24. Mai 1861 für ihre Ansprüche der Rechtsweg eröffnet worden ist, wendeten sie sich in Gemäßheit des §. 2 dieses Gesetzes, durch Vorstellung vom 16. Mai 1863 an den Herrn Minister der geistlichen, Unterrichts = und Medizinal = Angelegenheiten, da sie nur diesen als den vom Gesetze bezeichneten Verwaltungs=Chef ansehen konnten.

Von demselben ward jedoch durch Zuschrift vom 29. Juni 1863 die Entscheidung, weil nicht zu seinem, sondern zum Ressort des Hr. Finanz=Ministers gehörig abgelehnt — von dem Letztern aber der gestellte Antrag durch Erlaß vom 11. Juli zurückgewiesen. — Diese an den Anwalt der Kläger gerichteten Zuschriften lauten:

a) „Auf die Namens der Erben des Professors Joseph von Görres eingereichte Vorstellung vom 16. v. Mts. benachrichtige ich Ew. Wohlgeboren vorläufig, daß der Gegenstand derselben nicht zu meinem Geschäftskreis gehört, weil der Erblasser Ihrer Mandanten bereits im Jahre 1816 aus seiner Stellung als Director des öffentlichen Unterrichts in der Rheinprovinz, und damit aus dem Ressort meiner Verwaltung ausgeschieden ist.

Ich habe deshalb den Antrag nebst Beilagen heut dem Herrn Finanz=Minister mit dem Anheimstellen vorgelegt, seinerseits Entscheidung über denselben zu treffen." Berlin, den 29. Juni 1863. Der Minister der geistlichen, Unterrichts= und Medizinal=Angelegenheiten. In Vertretung gez. Lehnert.

b) „Ew. Wohlgeboren eröffne ich auf die von Ihnen in Vertretung der Erben des Professors v. Görres an den Herrn Minister der geistlichen, Unterrichts= und Medizinal= Angelegenheiten gerichtete, mir zur ressortmäßigen Verfügung zugegangene Vorstellung vom 16. Mai d. J. bei Rückgabe der Anlagen derselben, einer Vollmacht und einer

Druckschrift, daß die Gründe, mit welchen die Flucht des
2c. von Görres aus Preußen von Ihnen zu rechtfertigen
versucht worden ist, als stichhaltig nicht anzuerkennen sind,
indem keinem Staatsangehörigen eine Befugniß zugestan=
den werden kann, sich den von der Staats=Regierung ge=
gen ihn ergriffenen Maßregeln zu entziehen, daß demnach
auch der 2c. von Görres verpflichtet gewesen wäre, sich den
in Bezug auf ihn getroffenen, seine strafrechtliche Ver=
folgung bezweckenden Anordnungen zu unterwerfen, und
daß, da er dies nicht gethan, sich vielmehr, um die gegen
ihn verfügte Verhaftung zu vereiteln, in das Ausland
begeben hat, er eben damit des ihm bewilligten Warte=
geldes, welches er nur unter der Bedingung seiner unaus=
gesetzten Bereitschaft, in den Dienst des Staats einzutreten,
hätte beanspruchen können, verlustig gegangen ist. Dem
Antrage auf Auszahlung des gedachten Wartegeldes auf
die Zeit vom October 1819 bis zum October 1827 kann
hiernach ganz abgesehen von der längst abgelaufenen
Verjährung jedes etwaigen Anspruchs, nicht stattgegeben
werden." Berlin, den 11. Juli 1863. Der Finanz=
Minister. Im Auftrage: gez. Günther.

Hiernach werden also der Klage der Erben Görres zwei
Einreden entgegengesetzt:

I. Professor Görres sei des ihm bewilligten „Wartegeldes,"
welches er nur unter der Bedingung seiner unausgesetzten Be=
reitschaft in den Dienst des Staats einzutreten, hätte beanspruchen
können, verlustig geworden; weil keinem Staatsangehörigen eine
Befugniß zugestanden werden könne, sich der von der Staats=
Regierung gegen ihn ergriffenen Maaßregeln zu entziehen, dem=
nach auch 2c. Görres verpflichtet gewesen sei, sich den in Bezug
auf ihn getroffenen, seine strafrechtliche Verfolgung bezweckenden
Anordnungen zu unterwerfen; er dies aber nicht gethan, sich

vielmehr um die gegen ihn verfügte Verhaftung zu vereiteln, in das Ausland begeben habe.

II. Der erhobene Anspruch sei jedenfalls längst durch Verjährung erloschen.

Hierauf wird Seitens der Kläger erwiedert:

ad I. 1. Es ist bereits oben ausgeführt und nachgewiesen, daß dem Prof. Görres keineswegs ein s. g. Wartegeld unter speziellen an dessen Bezug geknüpften Bedingungen, sondern vielmehr eine Entschädigung wegen der ihm ohne alles Recht entzogenen nicht provisorischen, sondern definitiven Stelle eines Directors des öffentlichen Unterrichts, und wegen der aus politischen Gründen stattgehabten Unterbrückung des rheinischen Merkurs bewilligt wurde; es folgt dies klar und deutlich aus dem Erlaß des Fürsten Staatskanzlers vom 27. Januar 1818 und der diesem vorhergehenden Correspondenz; in dem gedachten Erlaß kömmt auch der Ausdruck „Wartegeld" gar nicht vor. — Die darin zugesicherte Entschädigung besteht aus 2 Theilen, nämlich in einem Betrag von 8000 Frcs. jährlich vom 1. Januar 1816 bis zum 1. Januar 1818; sodann, da es die Absicht sei, ihm in der Rheinprovinz eine anderweitige öffentliche Anstellung zu geben, wobei seine fixirte Besoldung regulirt werden würde, vom 1. Januar 1818 ab in einem Einkommen von 1800 Thlrn. jährlich. Eine Verpflichtung zum Aufenthalt im Inlande, noch weniger zur unausgesetzten Bereitschaft in den Dienst des Staats einzutreten, war ihm nirgends und zu keiner Zeit auferlegt worden; es ist vielmehr unzweifelhaft, daß, wenn über die ihm zu gebende anderweitige öffentliche Anstellung keine Einigung erzielt worden wäre, die Verpflichtung des Staates zur Zahlung des zugesicherten Einkommens fortbestanden haben würde. — Nun ist aber dem Prof. Görres der Antrag auf Uebernahme einer andern Stelle Niemals gemacht worden, und kann also auch

nicht behauptet werden, daß er eine solche anzunehmen ge=
geweigert hätte. Im Gegentheile aber enthalten die Worte:
„Es ist die Absicht, Ihnen in der Rheinprovinz eine ander=
weitige Anstellung zu geben," die von der preußischen Re=
gierung eingegangen und bis zum Tode von Görres nicht
gelöste Verpflichtung denselben eine in Preußen und zwar
in seiner Heimath am Rheine ihm angemessene Stellung zu
verschaffen. Alle bei dieser Gelegenheit mündlich und schrift=
lich gewechselten Verhandlungen geben hievon Zeugniß, und
nur auf diese Verheißung hin lehnte Görres den Ruf nach
Württemberg ab. Es handelte sich nämlich damals um die
Besetzung der den Rheinlanden bestimmten Universität Bonn,
an der Görres den Lehrstuhl der Geschichte einnehmen sollte.
— Das ihm zustehende Einkommen war übrigens ein unent=
ziehbares Recht, welches nicht einseitig, sondern nur durch
freiwillige Auflösung des Dienstverhältnisses, oder in Folge
der Dienstentlassung wegen rechtskräftiger richterlicher Verur=
theilung zu einer den Verlust des Amts nach sich ziehenden
Strafe, oder im Wege des Disziplinar=Verfahrens entzogen
werden konnte. (vgl. Allg. Pr. Landrecht Th. II. Tit. X.
§§. 98—101. Rönne Staatsrecht II. §. 299 S. 330.)
    Wollte die Staatsregierung das eine oder andere Ver=
fahren einleiten, so war sie dazu nach den Vorschriften der
Cabinets=Ordres vom 12. April 1822 (Ges. S. p. 105) und
vom 21. Febr. 1823 (Ges. S. p. 25) befugt und umsomehr
in der Lage als nach der erstern (p. 107) damals alle
seit dem Jahre 1819 wegen Theilnahme an dema=
gogischen Umtrieben eingeleiteten Untersuchun=
gen bereits beendigt waren und die Regierung daher
wissen mußte in wie fern in dieser Beziehung dem Prof.
Görres irgend eine Schuld aufgebürdet werden konnte. —
Dessen Aufenthalt im Auslande änderte hieran nichts — da

sowohl die gerichtliche als Diszlplinar-Untersuchung, wenn er sich nicht gestellt haben würde, in Contumaciam hätte geführt werden können. — War, wenn dies als unzweifelhaft fest= stehend angenommen werden darf, keine Schuld ermittelt wor= ben, so lag selbstverstanden auch kein Grund mehr vor, das geschuldete Einkommen vorzuenthalten.

2. Das Begeben des Prof. Görres ins Ausland konnte, abgesehen davon, daß, wenn daraus eine ihm nachtheilige Folge hergeleitet werden wollte, das Verfahren auf Dienstentlassung hätte eingeleitet werden müssen, die Zurückbehaltung seines Einkommens nicht rechtfertigen. — Wie dies des weiteren in der Eingabe des Anwalts der Kläger vom 16. Mai 1863 ausgeführt ist. — Der als Widerlegung dieser Ausführung in dem Bescheide vom 11. Juli vorkommende Satz: daß kei= nem Staatsangehörigen eine Befugniß zugestan= den werden könne, sich den von der Staatsre= gierung gegen ihn ergriffenen Maßregeln zu entziehen ist in seiner wörtlichen Fassung so exorbitant und aller Gerechtigkeit zuwider, daß es unbegreiflich erscheint, wie derselbe im Ernste aufgestellt werden konnte.

Den gehörig publizirten Gesetzen und Gesetzeskraft habenden Verordnungen sind die Staatsangehörigen allerdings gehor= sam schuldig. (Allg. Pr. L. R. Einleitung §§. 5, 10 flgb. Th. II. Tit. XIII. §§. 6. flgbe.) Rönne Staatsrecht I p. 57 flgbe. Verordnung vom 9. Juni 1819 Ges. S. p. 148.) In dieser für die rheinischen Provinzen speziell erlassenen Verordnung heißt es: §. 1. „Alle Gesetze, welche wir künftighin in unsere Gesetzsammlung werden aufnehmen lassen, sollen für unsere Provinzen Cleve, Berg und Niederrhein Gesetzeskraft haben, insofern nicht ihre Anwendung auf andere Theile unserer Staaten besonders eingeschränkt, oder aber für die genannten Provinzen besonders untersagt werden wird.“ §. 15. „Nur

die in dem gegenwärtigen Gesetze vorgeschriebenen, oder bestä=
tigten Arten der Publikation von Gesetzen und Verordnungen
haben öffentliche Giltigkeit." Nun besteht aber kein solches
Gesetz noch eine derartige allgemeine Verordnung, welche den
Staatsangehörigen verbieten, sich den von der Staatsregierung
gegen sie ergriffenen willkürlichen Maßregeln zu entziehen.
Als willkürlich müssen aber alle Maßregeln betrachtet werden,
welche ohne durch ein Gesetz autorisirt zu sein, die persönliche
Freiheit aufheben oder beschränken. — Es würde mithin Sache
der beklagten Staatsregierung sein, ein zu Recht bestehendes
Gesetz oder eine solche Verordnung nachzuweisen, welche dem
Prof. Görres untersagt hätte, sich der gegen ihn ergriffenen
Maßregel zu entziehen. —

Unbedenklich wäre Görres verpflichtet gewesen, sich einer gegen
ihn von der dazu befugten Behörde eingeleiteten Untersuchung
zu unterwerfen und sich seinem gesetzlichen natürlichen Richter zu
stellen, und dazu war er stets bereit und erbötig; die königl.
Kabinetsordre verfügte aber keineswegs die Einleitung einer Unter=
suchung, vielmehr die Straffälligkeit ausdrücklich voraussetzend,
dessen Abführung auf eine entfernte Festung. — Das Urtheil war
somit vor jeder Untersuchung gefällt und sollte nur noch voll=
zogen werden. — Diesem Vollzuge hat sich Görres nicht thätlich
widersetzt, sondern nur entzogen. — War nun aber, was wohl
nicht bestritten werden wird, Se. Maj. der König nicht befugt
mit Uebergehung seiner Gerichte, und selbst ohne vorherige Un=
tersuchung ein Strafurtheil zu erlassen und dessen Vollzug zu
verordnen; so war Görres offenbar nicht verpflichtet einer solchen
Maßregel sich zu unterwerfen. —

Derselbe verlangte nun sofort die Verweisung vor seinen
natürlichen Richter; dies ward verweigert, mit der bestimmten
Erklärung, daß es Sr. Maj. zustehe, das Gericht, dem er sich
zu stellen habe, zu bestimmen. — Ein Gesetz, welches eine solche

Befugniß dem Könige eingeräumt, bestand inzwischen vor der Kab.-Ordre vom 6. März 1821 nicht; und that daher Görres vollkommen genug durch die Erklärung seiner Bereitwilligkeit sich auch ohne Bewilligung eines freien Geleites seinem natür- lichen Richter zu stellen; wie dies in seiner Eingabe an den Fürsten Staatskanzler vom 2. Juni 1820 geschehen ist (ibidem p. 622). — In einem Gesuche an Se. Maj. den König vom 9. Aug. 1820 erklärt sodann auch Frau Görres, daß sie ein freies Geleit für ihren Gatten nur als eine Gnade für sich und ihre Kinder angerufen habe (ibid. p. 626.).

Zeigt sich sonach der gedachte von dem Königl. Ministerium aufgestellte Grundsatz als nicht den Gesetzen gemäß, vielmehr als mit denselben im Widerspruch; so fällt von selbst die daraus hergeleitete auch — aus andern vorerwähnten Gründen — nicht stichhaltige Folgerung, und kann es sodann nicht bezweifelt werden, daß dem Erblasser der Kläger das ihm gebührende Ein- kommen mit Unrecht zurückbehalten worden ist, und ausbezahlt werden muß, wenn sich die andere Einrede ebenso unhaltbar wie die so eben erörterte darstellt.

ad II. Wenn es sich um ein bloß civilrechtliches Verhältniß und demgemäß um die Frage, ob durch den Ablauf der längsten Verjährungsfrist der Anspruch der Erben Görres erloschen sei, handelte, so würde die Einrede der Verjährung ohne Zweifel begründet sein; es handelt sich aber um ein ursprünglich staatsrechtliches Verhältniß, welches erst durch das Gesetz vom 24. Mai 1861 unter gewissen Beschränkungen zu einem civil- rechtlichen geworden ist. — Demnach kann erst von der Publi- cation dieses Gesetzes an, in Beziehung auf die Ansprüche der Staatsbeamten wegen ihrer Diensteinkünfte die 30jährige Ver- jährung zu laufen anfangen; weil vor demselben jedwede ge- richtliche Klage ausgeschlossen war — und daher der Rechts- grundsatz — „contra non valentem agere non currit praescriptio" — umsomehr zur Anwendung kommen muß; als die Staats=Regierung diejenige ist, welche den Klägern und ihrem Erblasser die Verfolgung ihrer Ansprüche unmöglich gemacht hat.

Vgl. Unterholzner Verjährungs=Lehre Bd. I. §. 88. p. 288 seq, Thibaut Pandecten §§. 1042, 1043, 1068. Vazeille Prescription I. Nr. 255 u. 271. Troplong Prescription II. Nr. 717 u. 791. Zachariä I. §. 214 p. 535. Cass. 13. April 1810 Sirey. C. N. III. 1. p. 175. — Cassirendes Urtheil des Pariser Cassations= hofes vom 4. Mai 1846 Sirey. 46, 1. p. 482. — Ur= theile des Berliner Revisionshofs vom 8 Februar 1841 und 14. October 1844. Rh. Archiv 31 2ᵃ 3 und 38. 2ᵃ 53. — Urtheil des Cölner Appellationshofes vom 14. Mai 1849. Rh. Archiv 47. 1. 2. 10. Allg. L. R. Th. I. Tit. IX. §§. 516 und 517.

Nach dem französ. Staatsrecht gehörte die Frage bezüglich der Ansprüche der Beamten auf Zahlung ihrer Gehalte und Emolumente lediglich zur Competenz der Verwaltungsbehörden und war ein Recurs an die Gerichte unstatthaft.

Dalloz Repertoire Général v. Traitement. Staatsraths=gut= achten vom 12/17. November 1811 Desenne XIII. S. 287.

Desgleichen vom 18. Nov. 1858. Sirey 59, 2. 459.

Nach preuß. Staatsrecht waren die Gerichte incompetent nicht nur, um über einen privatrechtlichen Widerspruch wider den Act eines Hoheitsrechts selbst, wohin die Dienstpragmatik der Beamten gezählt wurde, sondern auch um über die aus den Folgen eines solchen Actes hergeleiteten Entschädigungsansprüche gegen den Staat zu entscheiden — Kabinetsordre vom 4. Dez. 1830 Ges. S. p. 255. —

Speziell werden aber noch durch die K.=Ordre v. 7. Juli 1830 die Staatsministerien angewiesen sämmtliche Behörden zu instruiren, und insbesondere die Gerichte anzuweisen, daß sie jede Klage eines Beamten wegen Verkürzung von Dienstein=

künften oder ermäßigter Diäten und Auslage Liquidationen so=
fort zurück und den klagenden Beamten in den durch die K.=Ordre
vorgezeichneten Weg zu verweisen. Lottem III. p. 364.

Demzufolge entschied auch der Competenzgerichtshof zu
Berlin durch Erkenntnisse vom 28. Dezbr. 1850 u. 24. Juni
1851 Justiz. Minist. Blatt 1851 p. 78 und 286 — daß der
Rechtsweg über Ansprüche bezüglich des Diensteinkommens von
Beamten unzulässig sei. — Roßmann Competenz=Conflicte II.
p. 20. In dem Erkenntniß vom 28. Dez. 1850. wird besonders
ausgeführt, daß es einer Publication der Kabinetsordre vom
7. Juli 1830 durch die Gesetzsammlung und Amtsblätter nicht
bedurft habe, „weil, abgesehen davon, daß sie kein allgemeines
Landesgesetz bilde, sondern nur die Dienstpragmatik der Beamten
betreffe, sie nur einen Grundsatz bestätige, welcher ohnehin den
Rechten gemäß sei, daß nämlich wegen entzogener Diensteinkünfte
nicht prozessirt werden dürfe, wobei es daher umgekehrt, wenn
die Prozeßfähigkeit solchen Ansprüchen hätte beigelegt werden
sollen, eines Gesetzes bedurft hätte." — Das Gesetz vom 24. Mai
1861 enthält bezüglich der Zeit, aus welcher die Ansprüche wegen
entzogener Diensteinkünfte herrühren, keine Angabe. — Darnach
versteht es sich von selbst, daß dieses Gesetz den Titel für die
Geltendmachung des Anspruchs bildet, und daß daher alle die=
jenigen Forderungen geltend gemacht werden können, welche bis
dahin auf dem Rechtswege nicht geltend gemacht worden. Aus=
geschlossen sind nach §. 7 nur diejenigen vermögensrechtliche
Ansprüche der Staatsbeamten, worüber vor dem Eintritt der
Gesetzeskraft des §. 1 von dem Könige oder dem Staatsmini=
sterium entschieden worden ist. Außerdem spricht der §. 2 den
Verlust des Klagerechts für den Fall aus, daß die gerichtliche
Klage nicht innerhalb 6 Monaten nach mitgetheilter Entscheidung
des Verwaltungschefs angestellt worden ist.

Stellen sich hiernach die der Klage entgegengesetzten Ein=

reden als unbegründet dar — so rechtfertigt sich der Antrag der Kläger, daß es dem Königl. Landgerichte gefallen wolle den Königl. Fiscus zu verurtheilen an die Kläger als Erben ihres verstorbenen Vaters resp. Großvaters die Hälfte des demselben für die Zeit vom 1. Oct. 1819 bis zum 31. Oct. 1827 geschuldeten aber zur Ungebühr zurückbehaltenen Gehalts von 1800 Thlr. jährlich mit Zinsen zu bezahlen, dem Beklagten auch die Kosten zu Last zu legen.

Abams 1.,

Advolat, Anwalt und Kgl. Justizrath.